Chiara Bonifazi

Irmã Raffaela Linda Bimbi

Uma vida, tantas histórias

TRINCA

Livro publicado em colaboração com a Fondazione Lelio e Lisli Basso Issoco - www.fondazionebasso.it

Edição: Haley Caldas, Lucas Maroca de Castro e Rodrigo Cordeiro - **Projeto Gráfico:** Jaison Jadson Franklin - **Tradução (versão brasileira):** L.L, Irene Bassanezi Tosi e Giuseppe Tosi - **Capa:** 1966, alunas do Colégio Helena Guerra em frente à escola - **Colaboração:** Maria Soledad Maroca de Castro

---

B715i Bonifazi, Chiara.

Irmã Raffaela (Linda Bimbi) Uma vida, tantas histórias / Chiara Bonifazi ; tradução: L. L. , Irene Bassanezi Tosi , Giuseppe Tosi ; projeto gráfico: Jaison Jadson Franklin. – Belo Horizonte : Trinca, 2016.
272 p. , fots., p&b.

Inclui bibliografia.

ISBN: 978-85-66019-36-0.

1. Biografia. 2. Figura pública 3. Política. I. Castro, Lucas Maroca de. II. Franklin, Jaison Jadson. III. Título.

CDD: B869.1
CDU: 869.0(81)-1

Trinca Edições (Este selo pertence à Crivo Editorial)

Rua Fernandes Tourinho, 602, sala 502
Funcionários - BH - MG - 30.112-000
contato@crivoeditorial.com

Sumário

Apresentação da edição brasileira

José de Souza Martins

Este livro nos conta a história de Linda Bimbi, uma religiosa italiana que se ligou profundamente ao Brasil como educadora, inovadora da educação e ativista dos direitos humanos. Por seu trabalho como educadora, foi perseguida política da ditadura militar. Ameaçada, teve que fugir do Brasil, no mesmo momento em que sua comunidade entrava numa relação crítica com os poderes da Igreja. Ela e seu grupo viveram o duplo exílio, não obstante tenham mantido os votos e se mantido juntas como comunidade de fé encarnada, já livres da dominação hierárquica que colidia com sua religiosidade profunda e atual.

Na Europa, Linda Bimbi se tornaria o braço direito de Lelio Basso, político italiano de esquerda, que fora fundador do Movimento de Unidade Proletária que, depois, se tornou o Partido Socialista Italiano de Unidade Proletária. A atuação de Linda junto a Basso se deu num período particularmente agudo da repressão política na América Latina. Tornaram-se ambos o núcleo do que foi na Europa a grande resistência contra as ditaduras latinoamericanas, seja através do Tribunal Russell II, seja através do Tribunal Permanente dos Povos.

Linda se dedicou de modo particularmente intenso à secretaria geral da Fundação Lelio Basso pelo Direito e pela Libertação dos Povos, na Via della Dogana Vecchia nº 5, em Roma, cujo escritório se tornou a meca dos aflitos do mundo em busca das mediações e conexões de uma visão libertadora que ela tem personificado por quase meio século. As mediações que abriram o espaço aos novos sujeitos de direito que foram surgindo em todas as partes, nas rachaduras de um sistema iníquo de exploração e mando.

Por meio desses tribunais de opinião, em cujas sessões foram a exame e julgamento os crimes políticos cometidos pelos regimes autoritários, sua violência política, sua tortura e seus assassinatos foram documentadamente expostos. Foi aí que nasceu a campanha internacional em favor da anistia política no Brasil. Linda Bimbi esteve no centro dessas ações, como grande e competente articuladora e animadora, mesmo que recolhida à modéstia de uma invisibilidade evangélica que torna ainda maior o seu papel histórico no mundo contemporâneo. Linda agregou grandes nomes da luta pelos direitos humanos e pelos direitos dos povos em favor de causas de urgência em todo o mundo, tanto na América Latina quanto na África e na Ásia.

De vários e significativos modos, o Brasil está no centro da biografia de Linda. Ela é um desses seres humanos admiráveis que adquiriram a cidadania brasileira não por decreto nem por reconhecimentos formais, que nunca teve, mas pela opção preferencial por aqueles que neste país tem carecido de voz para clamar por seus direitos nos auditórios em que a opinião dos simples, dos que carecem, não chega nem é ouvida. Linda tem sido essa voz, a de uma celebrante da liturgia da esperança na ecumênica mesa da comunhão que congrega os diferentes, os que tem fome e sede de justiça.

Este livro nos conta sua história, que é, de vários modos, a história do que é ser de esquerda na Igreja e a de ser religioso na política. Na dupla e criativa marginalidade de mundos que se revelam reciprocamente e reciprocamente se ensinam na biografia dos que padecem a condição do duplo ser. Na fina artesania de sua fé e de sua ação, Linda Bimbi tem tecido a trama suave que junta onde os poderes separam.

***

"Linda ficará em nossa memória como a serena guardiã da liberdade e dos direitos dos simples, dos humilhados e ofendidos. Guardiã do sentido profundo da convicção de que nada pode vencer a esperança, de que a vida é feita de belos legados, o maior dos quais é o de não esmorecer em face do abismo, não recuar em face das adversidades, não temer os poderes e os poderios. Ela fica para sempre no nosso coração, como a irmã que nos acompanha ao longo do caminho. Linda continuará alumiando a nossa estrada no meio das adversidades, continuará sendo norte e rumo, inspiração e desafio, suave e serena estrela guia cuja luz nos diz o grande mistério do indizível."*

---

* No dia 11 de agosto de 2016, enquanto a versão brasileira deste livro estava sendo finalizada, Linda Bimbi, Irmã Raffaela, adormeceu "no regaço do Senhor da História", como disse o Professor José de Souza Martins na mensagem.

Introdução

Luciana Castellina

Conheci Linda sem prévio preparo. Quero dizer que, quando a vi e a ouvi pela primeira vez, eu nada sabia, pois ninguém a apresentara a mim. E se não a tivesse reencontrado, e dessa vez conhecido de fato, nem teria lembrado aquele fugaz encontro ocorrido muitos anos antes.

Fora por ocasião do Tribunal Russell II sobre a ditadura no Brasil, em Roma, em 1974, na sala do Consiglio Nazionale delle Ricerche, no agora Largo Aldo Moro, nem lembro como se chamava então. Sei com certeza que não podia ser Aldo Moro, porque Moro ainda não fora assassinado, e ainda não haviam acontecido tantas coisas que aconteceram desde então.

Do próprio Tribunal eu sabia pouco ou nada: ou melhor, sabia de seu antecessor imediato, aquele que era o mesmo, mas se chamava Bertrand Russell I, e havia acontecido para os crimes americanos no Vietnã, nada menos que em Hanoi. Aquela fantástica idéia de constituir um júri internacional, com autoridade mas não oficial, destituído de poderes coercitivos e do direito de emitir sentenças oficialmente aplicáveis, dotado porém de um grande poder moral, havia sido enquanto isso interceptada e levada adiante por Lelio Basso, que aliás fora amigo e colaborador essencial de Russell. O fato é que também de Lelio Basso eu sabia muito pouco: ele era socialista, eu comunista, e então não nos cruzávamos com frequência, embora Lelio fosse um socialista de todo anômalo (talvez pudéssemos dizer um socialista verdadeiro em meio a muitos que também se definiam assim). Por isso, se eu então mal conhecia Lelio Basso, imaginem se poderia conhecer Linda Bimbi, que além de tudo acabara de voltar para a Itália, depois de longuíssimo período transcorrido no Brasil.

Digo todas essas coisas para explicar logo que não sou uma biógrafa oficial e autorizada de Linda Bimbi. Cheguei tarde demais, no início dos anos oitenta. Enquanto isso, é verdade, eu também me tornara uma anômala do ramo comunista, e isso sem dúvida tornou mais fácil o encontro com os outros anômalos, os socialistas. Esse fato me levou à descoberta de Lelio Basso, de sua revista Problemi del socialismo, que nos abriu os olhos sobre uma esquerda mundial que não conhecíamos, e depois, quando ele desapareceu, sobre a Fundação que levava seu nome.

Foi Linda que me procurou, na verdade. Eram os anos do grande movimento pacifista, em luta contra a instalação dos mísseis na Europa, a época de uma dramática regurgitação da guerra fria; e eu era a coordenadora europeia da European Nuclear Desarmement (END), junto com Ken Coates, que era, justamente, presidente da Fundação Bertrand Russell.

Deve ter sido essa, suponho, a assonância que induzira Linda a me procurar. Mas também o fato de que Linda sentia-se parte daquela época de mobilização contra a ameaça da guerra que voltava a aparecer, com Reagan e Breznev encabeçando as duas grandes potências nucleares. De fato, muitos anos depois, a Fundação internacional Lelio Basso empenhou-se em primeira pessoa na luta contra as novas guerras, as do Sul. Aliás, foi justamente a Liga internacional para os direitos dos povos, que conduziu, em relação ao próprio movimento de paz europeu, uma campanha de persuasão com o fim de corrigir o tiro um pouco eurocêntrico de sua linha: isto é, para convencer que agora o front mais quente não era mais o de Leste-Oeste, mas o de Norte-Sul, uma persuasão forte que existia na Fundação pela sensibilidade particular que sempre tivera em relação aos problemas do Terceiro Mundo. Análoga, aliás, à de outros nossos comuns "companheiros de viagem": padre Balducci, padre Turoldo, assim como os leigos católicos de esquerda, que de resto Linda reencontrara logo que voltou do Brasil, antes mesmo de se empenhar em tempo integral com a Fundação.

Terá sido, portanto, por causa de todas essas convergências que Linda me telefonou, creio que em 1984, e pediu para que nos encontrássemos: queria me propor que, por conta da Fundação internacional, um ramo constituído por Lelio Basso, eu fosse ao Brasil por 4 dias, para uma iniciativa de "Madre terra", promovida pela local "Justitia et Pax", que também era uma espécie de tribunal que denunciava a bestial exploração a que eram submetidos os camponeses no país.

Desde então não nos deixamos mais: junto com Linda, graças àquela viagem, eu descobrira também o Brasil, que ficou em meu coração, assim como os amigos brasileiros de Linda, a começar por Lula. Lula, sindicalista e depois líder do Partido dos Trabalhadores, o PT, de cujos congressos, até ele se tornar presidente, desde então sempre participei. Durante anos nos encontramos com o futuro presidente do Brasil em Via della Dogana Vecchia, porque Lula, quando vinha para a Europa, nunca deixava de passar por Roma, para ir cumprimentar Linda Bimbi. Não apenas por carinho, mas para pedir orientação no emaranhado da nossa esquerda, porque confiava na opinião de Linda. Aliás, na Itália, Linda era considerada de fato a porta voz de Lula, uma espécie de embaixatriz do Brasil progressista. Tanto que, quando o PT foi ao governo, e aconteceu a virada histórica do país, Massimo D'Alema, então ministro do exterior italiano, promoveu uma cerimônia solene em Villa Madama, durante a qual premiou Linda Bimbi por aquilo que fizera para um Brasil democrático.

Linda apareceu-me logo como uma personagem incomum no nosso mundo hiperpolitizado. Porque ela era politizada, mas de um modo de todo diferente do nosso. Havia nela, certamente, nossa mesma paixão e participação (que então era muita), mas havia a mais uma curiosidade especial, como se tivesse de aprender rapidamente tantas coisas que, pelos tantos anos passados no Brasil como freira, não pudera, como nós, experimentar. Talvez seja mesmo por esse motivo que ela conservou sempre um misto de ingenuidade – muitas vezes até de maravilha pelas coisas que descobria – e ao mesmo tempo uma sabedoria que nunca deixou de me maravilhar. O que logo despertou muito minha curiosidade foram as duas pessoas que de certa forma eram uma coisa só com Linda (aliás que "são", pois nunca deixaram de ser): Ruth e Monica, que dela nunca se separam, nem no escritório, nem na privacidade da casa. Delas eu só sabia vagamente que haviam sido freiras, e eram brasileiras. Sabia que eram uma chave para entender melhor Linda, mas para conhecê-las, de fato, foi preciso muito tempo. Mesmo com Linda, o conhecimento íntimo, as informações detalhadas sobre sua vida, o encontro com suas amigas e companheiras da Comunidade, aconteceram muito tempo depois. No início não houve tempo: depois da viagem ao Brasil e meu relatório sobre o que eu havia visto, Linda me fez mergulhar logo no trabalho da Fundação.

As primeiras outras pessoas que conheci, logo depois de Linda, em Via della Dogana Vecchia, foram Piero Basso e Gianni Tognoni. Piero porque se ocupava da Liga para os direitos e a libertação dos povos e Gianni, naquele tempo e até hoje, se ocupava do Tribunal permanente dos povos, os outros dois ramos que, junto com o Conselho Científico da Fundação Internacional, formavam aquela que, brincando, chamávamos a "Santíssima Trindade". Foi por isso que Linda decidiu me colocar na Liga, braço mais propriamente políticomilitante, entendendo logo que aquele era o mais indicado para mim; ligado a essas questões, assim como o Tribunal, o Conselho era reservado aos intelectuais.

Ela me fez logo fazer carreira. Foi graças à indiscutível autoridade de Linda que em pouco tempo, mesmo desconhecida pelos padres fundadores da Fundação, tornei-me vice-presidente da Liga, sendo presidente uma pessoa extraordinária: Adolfo Perez Esquivel, com o qual, embora morasse na Argentina, privei de uma bela colaboração, e, ainda hoje, de uma bela amizade. Na última vez que veio a Roma, jantamos como amigos num terraço bem defronte às janelas da habitação de seu compatriota Papa Francesco, com o qual iria se encontrar no dia seguinte e sobre o qual me contou tantas coisas. Também esta combinação – uma comunista como eu e um católico premio Nobel como Adolfo – foi uma bela invenção de Linda. Porque Linda, por trás de sua reservada ingenuidade, esconde um temperamento que chamaria de "manager": sabe usar as pessoas, sabe como fazê-las trabalhar, impõe suas idéias, mas com persuasão, ao ponto de fazer-nos pensar que são nossas.

Naqueles anos – dos oitenta ao final dos noventa – juntas fizemos várias coisas. Foram anos bastante particulares, porque, na Itália, o Terceiro Mundo, imerso no drama das dívidas e das terríveis políticas de ajustes impostos pelo Fundo Monetário Internacional, tinha se imposto à atenção da opinião pública e não apenas estritamente política. Era o início da globalização e nós fomos descobrindo a antiglobalização, isto é, a ligação com os movimentos antagonistas do mundo todo, essencial para uma mobilização comum. Nós, Liga, menos ricos de militantes em campo em relação a outros movimentos, contribuímos para a empresa comum com o prestígio da Fundação, a contribuição teórica de seu Conselho Científico, o eco sempre vivo da Carta de Argel, a riqueza dos contatos internacionais amadurecidos ao longo de tantos anos de atividades.

A primeira saída importante da minha época foi certamente a contracúpula na cúpula realizada em Berlim em 1988 pelo Banco Mundial e pelo Fundo Monetário Internacional, que o Tribunal levou ao banco dos acusados, pela primeira vez não um único país, mas duas grandes instituições internacionais. Foi um grande sucesso de mobilização de massa, fruto de uma estreita colaboração que se instituiu entre Liga e Tribunal. Protagonistas do processo foram muitas testemunhas de acusação, muitos ainda desconhecidos, e que agora se tornaram conhecidíssimos: basta citar Vandana Sciva, que então, ainda desconhecida, havia abandonado o Banco Mundial, de que era funcionária, para se dedicar à contestação da chamada mortal "revolução verde", imposta pela instituição aos países em via de desenvolvimento. Mas também Aloísio Mercadante, só para dar um exemplo, então sindicalista brasileiro e depois respeitável ministro. E ainda Katerina Focke, ex ministro do governo de Willy Brandt, então presidente da Comissão de Cooperação e Desenvolvimento do Parlamento Europeu. E até o célebre economista Triffin, que se ofereceu para fazer a defesa dos acusados. A mobilização dos berlinenses foi extraordinária: centenas foram os voluntários que nos ajudaram, até os taxistas da cidade sabiam do Tribunal. Foi então que se iniciou uma ligação que se tornaria duradoura com Elmar Altvater, economista e ecologista, docente da Freie Universitat de Berlim, e depois presidente da Fundação Internacional Lelio Basso, ainda hoje grande colaborador de Linda nos cursos promovidos todos os anos em Nápoles.

Foi, a de Berlim, a primeira contracúpula, uma prática que desde então o movimento não global adotou e continua a adotar. O contra vértice mais célebre, foi o de Seattle em 1999 contra a Organização mundial do comércio, quando conseguimos - graças àquilo que o Time Magazine chamou de "primeira guerrilha on line" - que se retirasse a primeira tentativa de acordo para a liberalização das trocas e dos investimentos - o AMI (Acordo Multilateral para os Investimentos - precursor do atual Ttip (Transatlantic Trade and Investments Partership), o tremendo tratado em vias de negociação entre União Europeia e Estados Unidos.

Houve outras duas contracúpulas importantes promovidas pela Fundação: aquela, em 1989, dos 7 Países mais pobres do mundo (seus representantes reunidos numa péniche sobre o Sena) por ocasião do vértice dos 7 Países mais ricos do mundo convocado em Paris pelo governo francês no aniversário de duzentos anos da Revolução Francesa. Lembro ainda quando acompanhamos ao Eliseu a delegação dos 7 Países mais pobres para entregar ao conselheiro de Mitterand, Attali, o documento de acusação elaborado coletivamente. Uma iniciativa que foi repetida em Nápoles. Ali também a Liga convocou os 7 Países mais pobres através de uma atenta seleção, porque, enquanto os mais ricos são fáceis de individualizar, os pobres, sendo centenas, são mais difíceis de escolher. De fato convocamos aqueles que eram representantes de um problema específico: a Índia por causa do desastre de Bophal; um índio americano por causa da desapropriação sofrida por aquele povo; uma sul-africana, para denunciar que o fim do apartheid não tinha ainda posto fim à desigualdade econômica; e depois um camponês de Chiapas, uma região de que se falou pela primeira vez na Itália, vindo do México, viajando primeiramente a pé através da floresta, depois de ônibus, depois de trem e, enfim, de avião. E ainda uma brasileira, um da Somália, um de Bangladesh. Foi naquela ocasião que os G7 se tornaram G8 porque entre os grandes da terra foi admitida também a Rússia, acolhida com faustosa cerimônia pelo recém presidente do Conselho, Silvio Berlusconi. E nós, com análoga cerimônia, acrescentamos um oitavo aos nossos sete pobres: um metalúrgico desempregado de Pomigliano d'Arco. E, como em Paris, também em Nápoles fomos à Prefeitura para entregar a Bassolino, então prefeito, a declaração da nossa cúpula, pedindo-lhe que dela se fizesse mensageiro junto aos "grandes" (preferimos, com lúcida intuição, não falar diretamente com

Berlusconi). Depois de termos obtido, nós também, o acompanhamento de motoqueiros e uma ceia luxuosa no Ciro, em Santa Brígida, que compensasse, pelo menos em parte, aquela oferecida aos ricos na Reggia di Caserta (um modo um pouco teatral de afirmar o status de pobreza).

Linda raramente saía de Roma para nos acompanhar nessas expedições. Não sei por que, pois que as preparava com grande paixão desde o início do projeto, seguindo o programa nos detalhes e depois, impaciente, telefonava de Roma para saber como havia sido cada momento. Não vinha, creio, por ser esquiva, nunca amou e nem ama "os eventos públicos", sessões do Tribunal ou contravértices. Não por timidez, que tímida realmente não é: quem sabe, atrás de seu modo reservado, se esconda o hábito conventual de voltar cedo para casa, levar uma vida de freira. Não sei: talvez esse passado tenha influenciado sua vida, talvez não.

Na verdade, as duas habitações da Comunidade sempre tiveram muito pouco de conventual, seja a de Roma, seja a que inicialmente era em Assis, e depois, por causa do terremoto, se deslocou para Bastiola. Quando pela primeira vez estive em Assis fui surpreendida pela explicação, que lá me foi dada, do modo de elas serem religiosas: "Dissemos ao Bispo – me disseram – que queremos seguir o Carisma que nós mesmas nos demos". Isto é: interpretar o cristianismo como nós o entendemos e adotar as regras que nos parecem mais adequadas.

Tanto na Úmbria como em Roma, todas as associadas à Comunidade trabalhavam para se manter, geralmente em setores ligados à assistência, com exceção, claro, de Linda, Ruth e Mônica, que trabalhavam na Fundação, e Maria Elena, a refinada elegante culta frágil amiga do coração de Linda, a religiosa que havia conhecido antes de se tornar freira, em Lucca, quando abandonou a Universidade. E que compartilhou com ela a experiência do Brasil, para se reencontrarem depois em Roma. Maria Elena, desaparecida com grande dor de todas - e também minha - já era muito idosa e doente quando a conheci, e as companheiras a cuidavam com extremo carinho. Brasileiras, em sua grande maioria, mas também árabes e italianas, felizes com sua vida comum, cuidando com carinho da casa e do terraço. Quase nenhum ícone religioso, algumas fotos de Lelio Basso, que lhes ensinara uma forma mais eficaz de demonstrar o amor pelo próximo.

Além disso, ótimas cozinheiras: desde que comecei a frequentá-las, mesmo fora da Via della Dogana Vecchia, foram muitos os almoços extraordinários que ofereceram a mim, a algum sobrinho que me acompanhava, ou a algum companheiro da Fundação, quase sempre Enrico Pugliese. Comida e bebidas brasileiras, naturalmente.

Nestes últimos anos, Linda inventou outras atividades. A Liga para os direitos dos povos, o braço militante da trindade Basso, deixou o lugar a movimentos nascidos em diferentes Países, que dela assumiram muitas idéias. Os interlocutores da ex Fundação Internacional -

muitos principalmente na América Central e do Sul – continuam existindo, mas a idade de seus membros mais importantes os enfraqueceu e talvez não tenha havido a capacidade de renová-los a tempo. O Tribunal segue firme: nesses anos fez uns quarenta processos sobre países e temas os mais diferentes, sendo particularmente interessante o último, sobre o México, preparado por mil comissões de base, que trabalharam por três anos para recolher a documentação e fizeram uma série de reuniões preliminares. Interessante porque, pondo no centro de sua requisitória o Tratado de livre comércio com a América do Norte – NAFTA – posto em vigor há vinte anos, deu sua contribuição que ultrapassa os limites mexicanos, pois que tanto a Europa como a Ásia estão realizando negociações para introduzir acordos semelhantes.

Nesse ínterim, procedeu-se a unificar os dois ramos da Fundação, o internacional, do qual sempre se ocupou Linda, e o outro, antes chamado ISSOCO, que se ocupa do movimento operário italiano e europeu. Uma santa decisão, pois que a dimensão internacional está envolvida em qualquer coisa de que nos ocupamos, e manter separadas as forças e as inteligências dos dois ramos era de fato absurdo. Mesmo sendo diferentes as sensibilidades políticas e culturais de proveniência, a disponibilidade a um verdadeiro trabalho comum é facilitada hoje por uma troca de gerações já iniciada.

Em todo caso, Linda empenhou-se, nestes últimos dez anos, em fazer muitas coisas novas no terreno da formação: antes de mais nada aquela que considero de maior sucesso, a escola de jornalismo, um curso com uns cinquenta alunos que ocupam por um ano inteiro, de manhã cedo até a noite, os locais de Via della Dogana Vecchia, sendo docentes os amigos da Fundação. Foi um grande sucesso. Eu, que sou jornalista e que sempre encontro muitos jornalistas, posso testemunhar que os alunos da escola são os melhores, os mais cultos, preparados e politizados. Mesmo sendo muito difícil para eles encontrar trabalho - como de resto para todos aqueles que se propõem seguir esta profissão - devo dizer que se empenham do melhor modo possível. E há também a escola que se realiza em Nápoles anualmente, uma verdadeira transmissão de saberes dos velhos aos jovens que dirigem hoje a Fundação.

A esta atividade Linda se dedica muito, reencontrando talvez a vocação pedagógica de seus primeiros anos no Brasil.

Para falar de Linda, falei das coisas que fizemos juntas, porque estas são as que posso contar. Mas sei que à minha história falta um pedaço decisivo, contado pelo livro de que esta é apenas uma introdução. Sei que aquela história anterior é fundamental e também a mais singular. Embora eu não tenha condições de contá-la, é a que continua a me intrigar mais que qualquer outra, e a colocar-me ainda interrogações às quais não sei responder: o que aconteceu na mente de uma jovem mulher pertencente a uma família privilegiada de uma das regiões mais afortunadas da Itália, a Toscana, aliás da tão irradiante cidade de Lucca, estudante da Universidade de Pisa, companheira de cursos e de idéias de um grupo de intelectuais de esquerda de primeiro plano, para num certo momento deixar seu país, tornar-se freira, e ir para no Brasil e, naquele país, no momento de uma dramática e feroz ditadura, encontrar, mesmo num convento, o empenho político direto, até arriscar a própria vida? Como foi possível ter sido ela capaz de voltar à Itália após ser forçada a fugir daquele país, assumir um papel tão importante como o que ela levou adiante como animadora de uma grande batalha terceiro-mundista no seio da Fundação Lelio e Lisli Basso? Como teve a capacidade de conciliar sua não perdida vocação religiosa com um rigoroso empenho político? Como e com quanto equilíbrio escolhe seu caminho de cristã com tanta coragem e autonomia? Como soube reunir à sua volta um grupo de mulheres todas tão convencidas participantes de sua "heresia" como as da sua comunidade? Tudo isso faz de Linda Bimbi uma personagem extraordinária e única. Sinto-me privilegiada por ter privado, por anos, de sua amizade e da colaboração com ela, nunca ofuscada por uma só sombra.

Ainda hoje, apesar dos achaques da velhice de tantas de nós, apesar das dificuldades deste triste tempo político e dos tantos erros do mundo contemporâneo, é possível ouvir a voz sonora e otimista de Linda, que diz que "colheu outra linda flor". Um modo de dizer que ainda encontra gente boa, que a humanidade ainda a faz ter esperanças.

Irmã Raffaela

Linda Bimbi

Uma vida, tantas histórias

Premissa

5 de junho de 2013

Esta manhã estou adiantada, como sempre me ocorre quando tenho um encontro de trabalho, não por medo de me atrasar, mas para ter certeza de ter o tempo de parar um pouco no bar. É um ritual que começou no dia dos exames universitários e agora difícil de tirar. Aliás, a Fundação Basso no fundo é para mim um lugar que me liga ainda aos anos da Universidade, àqueles seminários realizados à tarde aconselhados pelo professor que faria sua intervenção e que davam créditos, nos fatos e não somente.

Assim, depois de alguns anos, volto a Via della Dogana Vecchia n.5, mas desta vez subo a escada até o segundo andar, e sou acolhida por duas mulheres, evidentemente brasileiras, que me introduzem na penumbra típica dos palácios do centro histórico. Nunca entrara nos escritórios da Secção Internacional, mas não tenho tempo para observar os rostos impressos nos manifestos pendurados nas paredes que já estou diante da porta da sala de Linda. Ela já está dentro, de fato, e o percurso que da entrada me levou até ali foi rápido, guiado pelas mãos de Monica e Ruth, numa animada e cortês acolhida.

Na semana passada li muito sobre ela e a Fundação, mas não consigo imaginá-la.

Está sentada numa pequena poltrona diante da escrivaninha e se levanta para conhecer-me. Usa um vestido florido, azul escuro, está feliz e ao cumprimentá-la não posso deixar de comunicar-lhe esta felicidade que transmite.

Logo que se senta abro meu bloco de notas que, como boa antropóloga, não contém nenhuma pergunta preestabelecida pela qual começar - porque "estragaria o fluxo natural de um relato" me ensinaram - mas de qualquer modo as tenho todas muito claras na cabeça.

Estou pronta. Iniciamos a falar, uma diante da outra, e a sua figura não desaponta em nada minhas expectativas: parece uma mulher de outro tempo, séria e composta, nobre em sua gentileza. Estamos sentadas em seu escritório e às nossas costas há livros e documentos sobre direitos humanos e minorias étnicas, sobre a história dos povos e a geopolítica. Estou no lugar certo, penso, mas logo minha mente se dirige a todas as coisas que não sei, que talvez deveria ter estudado melhor na Universidade e que agora gostaria de conhecer.

Estou pronta. Não tenho o tempo de abrir minha boca que a curiosidade de Linda supera a minha: quer saber quem sou e assim acabo contando-lhe de mim, da minha vida e dos meus projetos, a enumerar todas as razões pelas quais estou diante dela e estou lhe pedindo que confie em mim.

Transcorre assim nosso primeiro encontro e sua capacidade de ouvir deixa-me pelos menos tão maravilhada quanto a facilidade que demonstro ao falar de mim.

Linda Bimbi é a responsável da Secção Internacional da Fundação Lelio e Lisli Basso Issoco e é ela que garante continuidade e coerência à experiência iniciada por Lelio Basso nos anos Setenta do século passado. Nascida e crescida em Lucca, hoje vive em Roma e faz parte de uma comunidade de missionárias laicas que, no Brasil, viveu a experiência de secularização nos anos sucessivos ao Concilio Vaticano II (1962-1965), durante o período da ditadura militar.

Este livro nasce do desejo de dar conta da plenitude e da intensidade de uma vida e, se essa tarefa é por si mesma árdua para qualquer pessoa, o objetivo parece ainda mais difícil.

Antes de mais nada porque sua história faz parte da Grande História. Os fatos contados nestas páginas, dos quais Linda nunca é simples comparsa, e os nomes que aparecem fazem parte, de fato, da história de cada um: a ditadura brasileira, o Concílio Vaticano II, o tribunal de Russelll e a Carta de Argel são todos importantes acontecimentos que cruzam as etapas de sua vida de maneira imprevisível, mas incrivelmente constante.

Sua história, portanto - e este é o segundo motivo pelo qual é difícil contá-la - é também uma história coletiva, mas não somente pela dimensão histórica acima mencionada. Sua experiência numa Congregação religiosa e depois na Comunidade laica incide de tal maneira sobre ela que, a partir de um dado momento da sua vida, Linda revela seu ser profundamente plural. No livro Lettere a un amico: cronache di liberazione al femminile plurale (Marietti, 1990), no qual são recolhidas as cartas escritas por Linda a Lelio Basso, tudo isso fica explícito: Linda faz parte de um grupo que faz parte do mundo.

Há um ulterior elemento que torna este relato biográfico tão insidioso. Na decisão de deixar a Congregação religiosa e de se afastar da Instituição eclesiástica, Linda e as companheiras fazem uma escolha bem precisa: a de viver no Anonimato[1]. Ou seja, escolhem confundir-se entre o povo, de serem pessoas comuns sem nenhum papel instituído, misturar-se aos outros num reticulado indistinto.

Como fazer, portanto, para contar a vida de uma pessoa que quer ser anônima? Que, na escolha de não querer aparecer, foge ao papel de protagonista?

O enfoque dado a este relato e as escolhas de método realizadas procuram, página após página, responder a essa pergunta e dar conta dessa complexidade: a história de Linda Bimbi devia ser necessariamente o relato de um acontecimento coletivo, que se articulasse ao longo dos eventos da Grande História.

---

[1] É um conceito que pertence ao vocabulário da Comunidade, que acompanha seu percurso de secularização, e que teremos modo de compreender melhor no decorrer do texto.

As palavras de Linda foram o ponto de partida para a reconstrução deste relato, e representam a parte principal[2]. São antes de mais nada as palavras recolhidas por quem escreve em entrevistas e colóquios informais que se desenrolaram no decorrer de 2013, mas são também as palavras reencontradas nas entrevistas deixadas ao longo do tempo a estudiosos e jornalistas, nas inúmeras intervenções realizadas em encontros e seminários ou então nas publicações que levam seu nome. Quisemos dar espaço à voz de Linda e respeitar as prioridades dadas pela sua própria memória, conservando o tom simples e espontâneo dos colóquios.

A essa voz se acrescentou a da Comunidade, que foi recolhida durante colóquios e encontros informais realizados na sua casa de Roma. São as lembranças e os relatos das companheiras de Linda, que viveram com ela os anos brasileiros e depois todo o resto, e que dão uma contribuição essencial à reconstrução da memória coletiva. Aparecem como um coro em que as diversas vozes se fundem ao uníssono e das quais não interessa a procedência: é a voz da Comunidade, e desse modo é mencionada, onde aparece, em nota. É também a voz que conta, numa das sessões finais deste livro, o sentido e a forma desse viver em comunidade hoje, fornecendo um aprofundamento às margens da leitura.

---

[2] Os extratos das suas entrevistas são apresentados em letra menor ou entre aspas.

Há enfim outras vozes que aparecem no texto, que se tornam fonte privilegiada para o relato da vida de Linda. Trata-se das palavras de pessoas que a conhecem e que viveram experiências e partes da vida com ela. Foram recolhidas na medida do possível através de entrevistas ou então chegaram, principalmente do Brasil, como pensamentos escritos. A todos, os agradecimentos no fim destas páginas, pois contribuíram para compor esta história coletiva, acrescentando, cada um seu ponto de vista, particularidades e lembranças.

A escrita se transforma de capítulo em capítulo, e espelha o percurso que a própria Linda realiza em direção à sua dimensão plural. De fato, é um processo progressivo, e assim se manifesta: no decorrer do texto Linda parece ir se inserindo cada vez mais no coro de vozes, e sua história, entrelaçando-se a outras histórias, torna-se inevitavelmente parte delas.

É evidente, pelas páginas que seguem, que Linda conheceu e encontrou muitas pessoas no decorrer dos anos, e são muitas vezes personagens públicas que por sua vez pertencem à História com o H maiúsculo: prêmios Nobel, personagens políticas, figuras de sacerdotes e de revolucionários.

Para dar conta de tudo isso sem interromper o fio da narrativa, decidiu-se deixar para a parte final as referências biográficas dessas pessoas e as informações úteis ao leitor para ter um quadro histórico de conjunto. Com o mesmo objetivo, oferece-se depois uma cronologia mínima de referência em que os acontecimentos pessoais de Linda aparecem em confronto com os principais acontecimentos históricos.

Neste livro é justamente esta riqueza que se quer contar, mostrar, através dos nomes que povoaram, e ainda povoam, tanto a Fundação Basso como a Comunidade, e como as experiências vividas por Linda são fruto desses encontros.

De fato, ao percorrer de novo o relato de sua vida, a impressão que Linda deixa em quem a ouve é de uma história feita de escolhas importantes, num certo sentido definitivas – no sentido mais profundo do termo – de limites traçados, de percursos assinalados. Escolhas que, no entanto, nunca são a consequência de reflexões pessoais tomadas na intimidade de um quarto ou de frias considerações, mas que seguem a casualidade de um encontro e a profundidade de uma relação. O relato de Linda é o resultado das pessoas encontradas e das marcas por elas deixadas em seu percurso.

As escolhas realizadas parecem fazer de sua vida um conjunto de tantas vidas, "todas unidas por um fio – conta Linda – e vividas com plenitude como se cada uma delas fosse a mais importante". Sim, porque os encontros que guiam essas escolhas são casuais, ou talvez providenciais, no sentido que são presentes que chegam e que são acolhidos por Linda, são eventos que – para usar uma expressão de que ela gosta – lhe "descem na vida". Linda confia na História, como na Fé, mas nunca é um passivo deixar-se ir.

Há naquele "descer na vida" toda a intensidade daquele viver em plenitude, mas o aspecto mais extraordinário, que de resto oferece o sentido desta escrita, é que Linda Bimbi nunca manteve para si o que recebeu e acolheu: sempre buscou compartilhar, porque era isso o que lhe permitia vivê-lo até o fundo.

É o que se manifesta também agora, na disponibilidade e na confiança com que aceitou contar-se e presentear com esta história quem já a conhece, e quem a conhecerá.

Uma história que será entregue para fazer dela memória viva e atual.

Este livro foi escrito e publicado graças à vontade de Anna Basso e seu desejo de fazer uma afetuosa homenagem a Linda Bimbi. É a ela que vai principalmente minha gratidão por ter confiado a mim este relato, e ter-me permitido fazer parte dele.

Um agradecimento particular a Sergio Poeta, a Gianni Tognoni e a Fausto Tortora, colaboradores da Fundação Basso, pelo carinho e dedicação ao acompanhar-me neste percurso; pelo entusiasmo demonstrado, as sugestões dadas e o apoio na redação editorial.

Enfim, ao agradecer ainda a todas as pessoas que, com as próprias lembranças, contribuíram para tornar ricas estas páginas, o pensamento vai principalmente à Comunidade de Linda e à própria Linda. E não só por terem-me acolhido em sua casa e em suas vidas, mas por ter-me dado a possibilidade e o privilégio de conhecer parte de minha própria história.

Roma, 9 de maio de 2015

I - Uma longa viagem entre os direitos

Nas páginas que se seguem as intervenções de Linda estão entre aspas.
O longo caminho de Linda entrelaçou-se com o de muitos personagens, mais ou menos conhecidos, que marcaram a vida do século XX. Muitos deles são citados neste relato. Para comodidade do leitor todos eles foram inseridos, na segunda parte do volume (*Biografias. Os encontros de Linda*), em breves notas biográficas.

1. Os subterrâneos da história

Em janeiro de 1972, em Milão, na Corsia dei Servi[3], se realiza a apresentação de um livro intitulado *Dos subterrâneos da história*[4].

O volume reúne a correspondência do cárcere de Carlos Alberto Libânio Christo, conhecido pelos amigos como Frei Betto, "um jovem brasileiro que da universidade passou à revolução", um estudante de teologia, que entrou na Ordem dos Dominicanos e foi preso em novembro de 1969 pelos Serviços de Segurança do Brasil[5].

Durante os primeiros anos de prisão no Presídio Tiradentes, em São Paulo, Frei Betto conseguira manter uma intensa correspondência com familiares, confrades e amigos, e as cartas, reunidas graças à contribuição de Maria Valéria Rezende e reproduzidas

---

[3] É Centro cultural, que surgiu no imediato pós-guerra por iniciativa de um grupo de pessoas ligadas à Resistência de Milão formado por alguns leigos e pelos frades David Maria Turoldo e Camillo De Piaz, da ordem dos Servos de Maria. Na época era um ponto de encontro das instâncias de renovação social, política e religiosa nos anos que precederam o Concílio Vaticano II.

[4] IDOC, *Dos subterrâneos da história*, Mondadori, Milão, 1971.

[5] Frei Betto fora acusado de ter ajudado guerrilheiros a fugir, atravessando a fronteira meridional do Brasil, e foi condenado em 1971 a quatro anos de reclusão, depois de vinte e dois meses de cárcere preventivo.

em mimeógrafo, haviam chegado às mãos de Linda Bimbi, que propôs e cuidou da publicação. Linda retornara à Itália havia pouco tempo, depois de ter sido obrigada a fugir do Brasil três anos antes. Após um breve período transcorrido na Bélgica e, agora, em seu país de origem, estava começando a refazer sua própria vida, perdida em meio a uma liberdade à qual não estava mais acostumada e num clima de contestação e agitação política tão diferente do que havia deixado no Brasil.

Em Roma havia encontrado apoio e a possibilidade de colaborar junto a um centro de documentação sobre as dinâmicas da igreja pós-concílio[6], particularmente atento às experiências da Teologia da Libertação que provinham da América Latina. Linda teve assim a oportunidade de publicar artigos e notícias sobre o continente sul-americano, "as informações que não se tinha na Itália", escrevendo e contando as dinâmicas da Igreja latino-americana, mas também, e principalmente, os fatos políticos e sociais da ditadura brasileira e do Chile, que conhecia bem, dada sua longa experiência naqueles países. Foi então que propôs publicar as cartas de Betto e que tudo começou novamente.

"Num dado momento decidi publicar as cartas que me mandara da prisão um dos rapazes e assim publiquei este livro. Na apresentação, em Milão, fora convidado também Lelio Basso.

---

[6] Trata-se do IDOC.

Quando terminou a apresentação do livro, se aproximou de mim um senhor com cavanhaque e me deu um bilhetinho: "Gostei muito do que falou e o que escreveu, quer trabalhar comigo?"

Lelio Basso, após ter participado do Tribunal de opinião que Lord Bertrand Russell havia organizado sobre a guerra do Vietnã[7], de fato, aproximou-se de Linda naquele dia, na Corsia dei Servi de Milão, pensando em repetir a mesma experiência, mas dessa vez para o caso brasileiro: um Tribunal Russell II sobre a violação dos direitos humanos no Brasil.

"Basso havia sido o relator final do Tribunal sobre os crimes de guerra no Vietnã, era portanto um personagem, mas para mim era um desconhecido. [...] Eu me assustei e dei uns passos atrás, em suma, agora vou me empenhar também nisso?

"Eu passara dias terríveis no Brasil, procurada pela polícia... Me assaltou o terror de percorrer tudo outra vez".

[7] Sobre a experiência de Basso no Tribunal Russell sobre o Vietnã em 1966 .

2. O verdadeiro sentido da vida

Linda Bimbi nasceu em Lucca num sábado de verão quando, na Itália, a ditadura fascista consolidava seu poder.

"Meu pai tinha umas lojas de móveis e artigos de decoração, era um comerciante e herdara uma empresa de seu pai. Minha mãe, ao contrário, era professora primária [...] Provinha de Reggio Emilia, de uma família de montanheses, mas todos os filhos estudaram porque meu avô era severo. Ao diplomar-se, começou a lecionar nas aldeias de montanha e ali ficava a semana inteira; nos fins de semana, meu avô ia visitá-la, porque vivia em casas de gente do lugar. Muitas vezes me contou como viviam essas pessoas e como deviam se ajeitar; estava muito feliz, mas num certo momento disse a si mesma: 'mas eu não quero ficar aqui'. Contou-me que um dia, atravessando um campo, viu uma mulher que carpia a terra com a enxada... 'Mas eu não quero essa vida para mim, quero ir para a cidade'.

"E assim foi para a cidade e encontrou trabalho como secretária numa grande empresa de meu pai, depois se apaixonaram e se casaram. Quando se tornou mãe, ocupou-se dos negócios, da gestão doméstica e em parte também da comercial. Era um lindo casal, mas meu pai morreu logo, e minha mãe viveu muitos anos sozinha, maravilhosamente".

Moravam na Via Fillungo, no centro histórico de Lucca, perto da Igreja de San Frediano, num daqueles prédios da Piazza dell'Anfiteatro, numa casa "muito agradável".

Linda não tem nenhuma dúvida em atribuir à figura paterna um papel fundamental em sua formação laica e politicamente orientada que caracterizou os anos de sua primeira infância.

"Minhas origens, digamos assim, são iluministas, por causa do ambiente familiar em que cresci. [...] Eu tinha a enorme vantagem de um pai culto e antifascista, que, quando eu voltava da escola (na época as escolas eram geridas pelo fascismo) e lhe contava o que eu havia estudado, me dava uma lição ao contrário. Foi assim que cresci: a consciência crítica vem de meu pai. [...] Lembro algumas reuniões das quais eu participava de pequena e as frases que às vezes escapavam de meu pai... eu era uma coisa só com meu pai".

A mãe, que "era católica sem ser carola", aparece em segundo plano neste relato, mas seu papel é apenas aparentemente secundário e é absolutamente complementar ao exercido pelo pai. De fato, Linda liga a mãe ao pai, e a essa complementaridade dos dois, o ponto de partida daquele dúplice caminho que amadurecerá nela no decorrer dos anos: de um lado uma consciência crítica ligada a uma cultura política de esquerda e, de outro, uma matriz espiritual que nasce no interior de uma cultura cristã.

"Nunca percebi uma forte diferença de mentalidade entre minha mãe e meu pai. Ela, quando ele falava abertamente em casa, se calava, mas me fez fazer a primeira comunhão e essas coisas que fazem todas as crianças e eu crescia entre duas vozes diferentes...".

Aquelas "duas vozes diferentes" irão acompanhar Linda nos anos vindouros, misturando-se, sobrepondo-se e seguindo o percurso dos seus encontros. Duas vozes que nos anos juvenis não foi difícil manter unidas: embora a consciência politicamente orientada tivesse o primado naquele momento em sua formação, não faltavam na Igreja de Lucca daqueles anos exemplos de religiosos dignos de admiração; figuras corajosamente empenhadas no apoio à população civil vexada pela guerra e em formas mais ou menos explícitas de Resistência.

De fato, embora a cidade de Lucca tivesse sido poupada pelos bombardeios da Segunda Guerra Mundial, as zonas limítrofes, por causa da proximidade do fronte (Linha Gótica), foram teatro de numerosos choques e represálias, principalmente quando, após o 8 de setembro de 1943, os alemães tentaram deter o avanço das forças aliadas. Entre as figuras de sacerdotes mais conhecidas naqueles anos está com certeza a do padre Aldo Mei, preso e fuzilado pelos alemães sob as muralhas de Lucca em agosto de 1944, por ter protegido um jovem procurado e por ter dado os sacramentos a alguns partigiani. E, depois, padre Arturo Paoli, ordenado sacerdote em Lucca durante a guerra[8]. Era "um padre que tinha a mania de se ocupar dos jovens", lembra Linda falando de Paoli. Conheceram-se quando ela frequentava a escola, suas vidas se cruzaram mais de uma vez no decorrer dos anos, e até hoje é seu grande amigo.

"Na época do liceu clássico comecei a acordar. Não no sentido de que antes eu dormia; provavelmente estava no meu DNA esta tendência, mas naquele período começavam a circular entre nós jovens algumas críticas ao governo. Quando cheguei ao liceu já havia começado a guerra e, portanto, não era difícil não amar Hitler...".

---

[8] Lucca foi declarada "cidade aberta" e, portanto, poupada nos bombardeios alemães graças à intervenção de Monsenhor Turrini, arcebispo da cidade, que, embora evitando um choque direto com as autoridades fascistas, não titubeou em oferecer hospitalidade aos perseguidos durante a ocupação alemã. Após o armistício de 8 de setembro, ao longo da faixa da Linha Gótica, que compreendia também a zona de Lucca e a Garfagnana, foram numerosos os episódios de violência contra a população civil: além dos 83 massacres realizados na zona, entre as quais a mais famosa a de Sant'Anna di Stazzema, as numerosas as buscas. O empenho dos padres e sacerdotes naquelas zonas foi decisivo, por exemplo na sustentação dada à Delegação para a assistência aos emigrados judeus (DELASEM), uma associação que operava em nível nacional para assistir os numerosos judeus estrangeiros refugiados ou internados na Itália e que na Toscana era guiada por Giorgio Nissim. Ele também judeu, Nissim, entre 1943 e 1944, quando a associação devia agir clandestinamente, fazia confluir em Lucca numerosos judeus italianos e estrangeiros, pois, graças à preciosa ajuda dos sacerdotes Oblati e da rede de padres por ele

O período do Liceu Macchiavelli foi intenso e rico de encontros para Linda, marcado antes de mais nada pela forte personalidade do prof. Giorgio Colli, jovem professor de Filosofia.

"A verdade é que o prof. Colli foi o grito de liberdade no ambiente escolar e também humano. Graças a ele comecei a percorrer caminhos que não agradaram muito nem a meus pais. [...] Era um professor de Filosofia e com ele aprendemos uma linguagem diferente, que na época era quase escandalosa: ele era pela liberdade. Era um professor de liceu, mas foi mais que um professor. Vivíamos na casa dele, esta é a realidade, nos criou como queria ele, nos encontrávamos muito, mesmo fora da escola e podíamos ir à sua casa quando quiséssemos. [...] Era um verdadeiro mestre".

Colli havia formado em volta de si "um cenáculo de alunos 'eleitos'" e Linda havia entrado no grupo pela mediação de Mazzino Montanari, seu colega de escola e aluno predileto do professor. "Foi uma experiência de verdadeira iniciação à vida através da filosofia e da música - lembra Linda: líamos Nietzsche e os pré-

---

convocados, conseguia encontrar para eles refúgios mais seguros. Arturo Paoli, que se tornou referência local do DELASEM, recebeu de Israel o título de Justo entre as Nações, pelo seu empenho a favor dos judeus durante a Segunda Guerra Mundial. E, por fim, também o papel dos monges certosinos e das freiras "Zitine" numa forma de "resistência não armada" é bem documentado pela historiografia. Cf: G. Preziosi, "Resistenza non armata", in **Osservatore Romano**, 9 de setembro de 2012.

socráticos, ouvindo Beethoven e Chopin em longas reuniões, de preferência na penumbra, precedidas e seguidas de longos silêncios".

"Líamos com paixão o Simpósio de Platão e muitas vezes passávamos as noites na casa de Colli comendo e debatendo as formas do eros, como faziam no Simpósio os discípulos de Sócrates. Tudo isso com grande consternação das nossas famílias, pelo menos da minha, que era uma família tradicional e não entendia bem o que se fazia durante a noite, para chegar em casa nas primeiras horas da manhã"[9].

Enquanto isso a guerra estava no fim e também Lucca foi libertada.

Naqueles anos, Linda manteve com Mazzini uma forte relação que se intensificou ainda mais no período universitário, quando o grupo de amigos de Lucca começou a frequentar a universidade, alguns em Pisa, outros na Escola Normal Superior. A decisão de Linda, desde sempre grande e apaixonada estudiosa, de continuar os estudos, não surpreendeu ninguém: inscreveu-se na Facoltà de Lettere e Filosofia da Università de Pisa, onde os professores – como ela diz – eram todos antifascistas e ex-partigiani" e muitos colegas pertenciam a um grupo de esquerda radical. Ali conheceu o professor Cantimori, graças ao qual Linda mesma conta ter "acolhido o marxismo".

[9] Da transcrição de uma intervenção de Linda em um encontro realizado em Lucca em 1997.

É nesse ambiente universitário do pós-guerra e culturalmente em agitação que Linda começou a frequentar grupos jovens próximos ao Partido Comunista, e o jovem Mazzino se tornou um verdadeiro militante. Tudo isso reforça nela a "voz paterna", encorajando-a em seu empenho político e no confronto crítico com a realidade daqueles anos.

Enquanto isso, concluiu seus estudos de Glotologia com o prof. Bolelli e logo iniciou sua colaboração com ele, como assistente voluntária.

Sua vida parecia ter tomado uma direção precisa. No entanto, naqueles anos – entre fins dos anos Quarenta e início dos anos Cinquenta – Linda teve um encontro que pôs tudo em dúvida.

Logo depois da obtenção do diploma e bem preparada, encontrou trabalho como docente de grego no Colégio das Oblatas do Espírito Santo[10] de Lucca, um colégio famoso e particularmente bem visto no ambiente burguês: aqui conheceu Maria Elena, que era a diretora.

O ambiente que se respirava nesse Instituto, embora gerido por uma Congregação religiosa, era permeado

[10] A Congregação das Oblatas do Espírito Santo é uma congregação fundada em Lucca por Elena Guerra em fins do século XIX. São conhecidas também como Zitinas, de Santa Zita, patrona da cidade, a quem foi dedicada a primeira escola para moças aberta em 1872 pela Congregação. Nos anos Cinquenta a Congregação estava presente de forma missionária em diversos países: Canadá, Brasil, Líbano, Iran, Filipinas.

por uma cultura laica, aberta ao mundo e às novidades daqueles anos. Esse dúplice aspecto, bem representado na pessoa de Irmã Maria Elena, começou a mexer com Linda, já preparada pelo seu ambiente familiar a acolher as "duas vozes diferentes". Inicialmente, com Maria Elena "foi um encontro-choque, porque eu não podia me considerar uma católica praticante, ao passo que ela provinha de uma família que lhe dera uma educação muito católica". Mas ao mesmo tempo "ela não era uma freira qualquer". Na história de Linda afloram lembranças de diálogos entre as duas, que começaram a fazer surgir nela perguntas, dúvidas e profundas questões existenciais. "Lembro muito bem que chegou o Carnaval e me pediram para colaborar na encenação de alguma peça teatral" – conta – e, nesses momentos da vida cotidiana no Colégio, os diálogos foram se tornando cada vez mais intensos. Emergiu, como afirma Linda com profunda simplicidade, "o problema do sentido da vida".

Foi então que Linda conta ter tido uma verdadeira "crise existencial", ter começado a levar em consideração uma escolha de vida, inesperada tanto para os amigos como para os pais: uma escolha "dolorosa e pouco aceita".

"Num certo momento senti os grandes problemas que todos os jovens mais ou menos encontram: o sentido da vida, o objetivo para o qual se trabalha, seu significado. [...] Entrei numa crise existencial e nessa crise existencial senti vontade de me ocupar do mundo inteiro. Senti aquela que se chamaria, mas não tem mais sentido usar esta palavra, a vocação missionária: queria ir até o fim do mundo fazer sei lá o quê, com grande tristeza de meus pais".

Essa "passagem", como Linda a define, que "é um pouco difícil de contar", parecia chocar, aos olhos de muitos, pela educação laica que recebera e pelos ideais políticos por ela fortemente expressos naqueles anos.

"Estava dividida entre uma fé cristã, mesmo que superficial, recebida de minha família, e o contato com a juventude de uma esquerda radical. Eu pendia para os dois lados e me encontrava em dificuldade".

"É uma coisa difícil de explicar. [...] Num dado momento olhei para minha vida, a vida dos meus amigos, e tive a impressão de que aquilo não era para mim. Vi-me de repente mulher de um professor, eu também professora.... e me faltava o ar".

"Essas freiras, que eram freiras tradicionais, tinham contudo missões em várias partes do mundo e isso começou a me interessar, a tal ponto que, quando terminou a preparação das apresentações teatrais, eu tive...não sei... alguma coisa começou a mudar em mim, nem sei como dizê-lo. Lembro que pensei que a única pessoa com quem podia falar era Irmã Maria Elena, e eu lhe disse que minha vida estava mudando e que não sabia para onde queria ir, nem o que queria fazer".

"Eu era muito atraída pelo Oriente, pelo Islã, falei com ela e ela me disse: "Creio que para um tipo como você o Brasil seria o lugar mais indicado" e assim decidi que iria como missionária para o Brasil. Certas coisas que acontecem não é fácil explicá-las. [...] Pensei que ser missionária poderia dar um sentido à minha vida".

"Não é fácil explicar... - repete ainda Linda - aconteceu como aconteceu e foi por acaso, porque eu ensinava ali e ali havia a possibilidade de ir para outros países".

A escolha de Linda de se tornar freira foi tão rápida e inesperada que pareceu quase uma traição, para todos com os quais se relacionava. "A Linda Bimbi freira é uma coisa impossível", pensou Arturo Paoli, quando lhe disseram o que estava acontecendo.

Se, da parte de Maria Elena, Linda se sentiu amparada com grande confiança, também por aquela sugestão de partir para o Brasil, mesmo não tendo ainda tomado os votos, sua escolha deixou estupefato e aflito o jovem Montinari.

"Os meus velhos amigos quase pularam em cima de mim e eu não sabia explicar o que era uma vocação missionária. [...] Também meus professores ficaram tristes: o prof. Bolelli, com o qual havia discutido a tese e de quem fora também assistente antes de fugir, tinha seus projetos de continuidade na minha pessoa".

Quando chegou o momento de comunicar aos pais a decisão de partir, foi um desastre - lembra Linda - porque eles no começo não entenderam absolutamente nada". A reação mais dolorosa à notícia da partida foi porém, sem dúvida alguma, a de seu pai: Linda conta "ter recebido, por diversos anos, uma cartinha de Natal da mãe, ao passo que o pai não lhe escrevia".

"Quando parti, creio que lhes dei um golpe mortal e essa é uma coisa que ainda não digeri. Antes de eu partir, ele foi me visitar e, lembro bem, suas palavras foram estas: 'Assim você escolheu, assim seja'. Naturalmente tinha os olhos cheios de lágrimas, depois, muito calmo, ele não se manifestava muito, despediu-se e foi embora. Quando saiu fui até a janela e o vi de costas atravessar a praça, um pouco lentamente, mas era sempre ele [...]. Não o vi mais".

"Nunca me escreveu. [...]. Mas quando tomei algumas posições sabia que estava de acordo com ele, entendia que ele não aceitava a distância, o ter querido realizar meus ideais num outro continente, naquele lugar tão distante, porém estávamos juntos nos mesmos ideais. Tão verdadeiro isso, que quando eu ensinava na Universidade no Brasil e organizara uma viagem para a Europa com meus alunos, escrevi a ele contando-lhe isso, e minha mãe me contou que ele experimentara muita felicidade.... Dizia: 'Uma parte da viagem a farei com eles, espero que me aceitem'".

"Era julho e veio a notícia da infelicidade do tumor. Quando cheguei, ele estava morrendo, mas os preparativos da viagem comigo foram flores em minha vida".

A relação com a mãe, ao contrário, foi mais tranquila e Linda, no decorrer dos anos, teve a possibilidade de reconstruir a relação e compartilhar com ela os acontecimentos que se seguiram, mesmo quando as "duas vozes", a de uma fé católica e a de um empenho político em relação à História, voltaram a misturar-se nela.

"Quando era pequena, eu era a pequena de papai, mas pouco a pouco, crescendo, reavaliei também o papel de minha mãe, que do ponto de vista da religião católica era intransigente: quando começou a ver o que me acontecia não entendia, mas me respeitava".

"Sempre me apoiou e nunca me repreendia. Ela ia à missa e eu sempre a acompanhei. [...]. Ela se foi com cem anos, e afinal posso dizer que aderiu às minhas posições.... de católica praticante estava se tornando um pouco laica ela também"!

"Estive com ela até seu último suspiro, falamos em seu último dia e foi muito lindo".

Em 1952 teve início assim uma nova vida para Linda, que partiu sozinha para o Brasil.

"Afinal, num certo momento eu parti. Não tinha a mínima dúvida de que aquilo que eu deixava não valia a pena, e aquilo a que ia ao encontro era um ponto de interrogação no qual, porém, confiava. [...]. É difícil explicar isso, mas decidi experimentar, e ninguém acreditava que tudo aquilo poderia ter um sentido, uma continuidade".

Ao chegar ao Brasil, resolveu começar o percurso do noviciado no âmbito da Congregação, de "empenhar-se não somente com a consciência, mas formalmente", experimentando desde logo as dificuldades de se adequar a uma realidade eclesiástica bem estruturada.

Maria Elena, que se uniria a Linda alguns anos depois e que nos anos do noviciado preocupou-se em mandar-lhe todo dia uma cópia do jornal L'Unità[11], "começou devagar – como conta Linda – a se aproximar ela também da minha maneira de conceber o mundo e a História".

"Acabei indo para o Brasil e lá me levaram a sério, não me conheciam... Fui para uma cidade dos arredores de São Paulo, que se chama Santo André, onde passei um período péssimo de formação, pois as pessoas que deviam se ocupar de nós não eram preparadas para sua tarefa.

Mas aconteceu que lá conheci um bispo muito gentil, que era de uma diocese do interior. Eu conclui o período de formação e ele me chamou para trabalhar numa escola de sua diocese, em Cássia. [...]. Foi um período muito feliz da minha vida, conheci moças maravilhosas, e o fato de que as alunas fossem felizes

---

[11] Jornal do Partido Comunista Italiano.

com a mensagem de libertação e de consciência que eu buscava transmitir, me dava forças. Foi um período de crescimento contínuo, embora numa estrutura que não me agradava, porque a organização de um grupo tradicional de religiosas, onde havia tantas regras para serem seguidas, entrava em choque com a educação para a liberdade que eu recebera".

3. A fábula das freiras comunistas

A cidadezinha de Cássia fica no Estado de Minas Gerais, numa zona do interior entre São Paulo e Belo Horizonte. Linda fala com nostalgia dos anos transcorridos nesse território "ainda intacto" e das tantas meninas que conheceu, que se tornaram suas amigas e que, mesmo depois de sessenta anos, continuam a manter contato com ela.

Chegara há pouco tempo ao Brasil, acabara apenas o noviciado e pela primeira vez viu-se trabalhando, embora no âmbito educativo por ela escolhido, num contexto cultural muito distante daquele até então conhecido. Era o ano de 1954. Getúlio Vargas, que chegara ao poder como chefe da Revolução de Outubro de 1930, fora deposto em 1945, foi eleito presidente em 1950 e finalmente se suicidou em 24 de Agosto de 1954[12].

---

[12] No poder, Vargas deu forte impulso à industrialização. De fato, com ele, depois da crise econômica de 1929, começou a ser superada a dependência do país em relação à economia de exportação de produtos agrícolas, especialmente o café e o açúcar. A crise econômica e a Revolução de 1930 puseram fim à República Velha, dominada pelas oligarquias de base econômica latifundista. Em seu governo, o de antes da deposição, Vargas já havia dado particular impulso ao desenvolvimento da indústria siderúrgica e no governo que seria iniciado em 1951 empenhou-se em implantar o monopólio estatal na exploração do petróleo. Duas políticas desenvolvimentistas, de orientação nacionalista. Vargas implantou, também, a legislação trabalhista que reconheceu, em relação

"Isso foi o início de tudo, porque da cidade de São Paulo fomos mandadas para o interior do Brasil, onde há muitas zonas áridas e desabitadas, onde vivem pessoas paupérrimas, reduzidas à fome, ou grandes proprietários de terras. E a escola que abrimos ali recebia alunos de todo tipo, dos mais pobres e excluídos às filhas dos fazendeiros".

"Este foi o início", repete ainda, referindo-se àquela tomada de consciência e de revisão do próprio passado, que lhe fazia perguntar a si mesma: "O que estou fazendo aqui?"

Nos anos universitários, Linda participara de campanhas de solidariedade internacional que o Partido Comunista Italiano organizava com os jovens, mas – como conta – "era uma solidariedade toda eurocêntrica e ideologizada". Era uma solidariedade de natureza intelectual, que não "a envolvia", e muito diferente daquela que começou a experimentar no Brasil: "Ali fiz a primeira e verdadeira descoberta concreta da miséria e reagi com coração cristão: uma revolta portanto ética, e não política"[13].

---

aos operários, direitos sociais que antes não tinham. Os anos de seus governos são conhecidos como anos do nacional-desenvolvimentismo. A chegada de Linda ao Brasil coincide com esse momento de mudanças econômicas, sociais e políticas acentuadas, que ganharão sentido no governo de Juscelino Kubistchek de Oliveira (1956-1961). Foi o início da multinacionalização da economia brasileira.

[13] Extraído da intervenção de Linda no Encontro da Rede Radiè Resch, em Florença, em novembro de 1988. La Rete di fronte alle nuove frontiere della solidarietà, in L. Bimbi, escritos inéditos, 1990.

Escreveu a Maria Elena, na Itália, sobre a dificuldade de aceitar essa pobreza e essas desigualdades.

"Escrevi a Maria Elena sobre as dificuldades que tinha em Cássia, onde estava praticamente sozinha, um pouco assediada, como acontece quando somos jovens e temos poucas defesas, e achei oportuno contar tudo a ela. Maria Elena mostrou a carta à Superiora geral, que lhe disse: 'Parta você também, imediatamente!'"

Assim, Maria Elena a alcançaria, dali a pouco, e juntas decidiram compartilhar a direção da escola de Cássia e, depois, todo o resto.

"Ali amadurecemos juntas diante dos desafios que o contexto em que vivíamos nos colocava. Nossa consciência histórica crescia e mudava o olhar que tínhamos sobre a realidade. Começamos a nos sentir constrangidas, numa realidade eclesiástica que correspondia cada vez menos às nossas modificadas sensibilidades".

O confronto com uma realidade tão marcada pelas disparidades e desigualdades sociais transformou-se numa escolha pedagógica a ser experimentada, que poucos anos mais tarde Linda e Maria Elena encontraram no método educativo de Paulo Freire. A escola de Cássia se tornou uma escola inovadora na região, como se lê nos testemunhos recolhidos. Muitas meninas, filhas de fazendeiros, que frequentavam escolas das cidades próximas, para lá se transferiram. "Havia um clima de abertura que nos impulsionava a ver além da nossa realidade. Eram revolucionárias", conta hoje uma de suas alunas, que decidiu unir-se à Congregação e fazer o noviciado uma vez terminado o curso.

Algumas se referem à diferença, também externa, em relação aos mais comuns edifícios escolares religiosos: havia um grande pátio para as brincadeiras e os espaços eram muito claros. Também na didática foram introduzidas matérias novas, em particular o teatro. Tratava-se, na maior parte dos casos, de operetas e espetáculos musicais, cujos preparativos envolviam todas as alunas e que terminavam numa grande apresentação no cinema da cidade, à qual toda a cidade era convidada a comparecer.

Linda – que nesse ínterim tomara o nome de Irmã Raffaela – lembra hoje, ainda com um sorriso, os dias de ensaios: "Alguém perguntava: 'que horas são agora?', 'Hora do ensaio de teatro!' E todas, escada abaixo, correndo...".

Dos relatos das alunas emerge o clima familiar que se respirava, a sensação de liberdade e de amizade que não excluía a seriedade no estudo, mas que se traduzia num constante acompanhamento das alunas e num diálogo contínuo sobre a vida. A impressão de "serem consideradas pessoas" é constante nas palavras de quem à época era somente uma menina.

O confronto com a realidade e com a situação social estava na base das escolhas didáticas e das reflexões evangélicas do grupo de educadoras. Como não podia deixar de ser, a cultura de esquerda em que Linda crescera na Itália revelava-se durante suas aulas e as meninas reagiam trazendo a realidade que viviam em suas famílias: falava-se de direitos, de propriedade privada, de terra.

Foi assim que começou "a fábula das freiras comunistas", que acompanhou Linda, Maria Elena e todo o grupo dali em diante, principalmente quando, pouco anos mais tarde, se transferiram para Belo Horizonte.

De fato, em 1959[14], a Comunidade abriu uma escola na capital do Estado de Minas Gerais. Nenhuma delas imaginava que o Colégio dedicado à memória de Helena Guerra pudesse se tornar o lugar escolhido pela classe dirigente para a educação das próprias filhas. Em poucos anos, ao contrário, a fama do nível intelectual da escola e a seriedade da proposta pedagógica difundiu-se e a comunidade acabou por receber, em espaços cada vez maiores, mais de mil alunas, desde o jardim de infância até as classes do colegial.

---

[14] A Congregação das Oblatas do Espírito Santo, na época dos fatos aqui narrados, geria no Brasil diversas obras, principalmente no campo educativo e sanitário e era articulada em comunidades: Cássia, Cabo Verde, Leopoldina, Belo Horizonte, Campos Gerais, Eldorado (Minas Gerais), Diadema (São Paulo), Vitória, Nova Almeida (Espírito Santo) e Macapá (Amapá). Para distinguir a comunidade de então, que se inseria na estrutura da Congregação de hoje, que é estranha a ela, escolhemos atribuir a maiúscula ao grupo atual e chamá-lo portanto Comunidade.

"No início fomos hóspedes da Universidade Católica, e depois, como a escola crescesse e se tornasse muito conhecida, conseguimos um lugar próprio. Não era um edifício com estilo arquitetônico particular, mas era muito grande, com um grande pátio, juventude que ia e vinha. [...] Ficava no centro de Belo Horizonte e era frequentado pelas filhas das famílias mais ricas. Ali iniciei novamente meu trabalho e logo se espalhou a voz que era um Colégio comunista, mas minhas alunas sempre me defenderam".

Teve início um período muito intenso, pois, enquanto progredia a experiência do Colégio Helena Guerra, a Congregação recebeu em doação, através "daquelas ofertas que muitas vezes chegam às realidades religiosas", um terreno no Eldorado, um subúrbio a apenas 18 quilômetros de Belo Horizonte, para que se abrisse uma outra escola. O edifício, projetado pelo conhecido arquiteto José Vasconcelos, na forma de um grande H[15], deveria ser, no desejo dos políticos locais, de acordo com os superiores italianos da Congregação, o maior instituto escolar da América Latina.

Porém, as coisas aconteceram diferentemente, porque não só acabou o dinheiro e a escola ficou inacabada, mas o entusiasmo inicial do grupo brasileiro de religiosas começou logo a se confrontar com a particular realidade do contexto social. Nos

[15] Assim denominada em memória de Helena Guerra, fundadora da Congregação.

projetos de Linda, de Maria Elena e de todas as outras, de fato, havia a vontade de misturar naquelas salas diferentes classes sociais, reunindo-as num alto nível de estudo, mas perceberam logo a ingenuidade de seus pensamentos: o Eldorado, conta Linda, "era uma ilha verdejante circundada por casas populares e favelas". Foi um percurso de tomada de consciência no interior do grupo, contam hoje, e graças também à comparação com a experiência já tida em Belo Horizonte, chegaram à conclusão de que "uma escola de bom nível intelectual num país subdesenvolvido se torna necessariamente uma escola para a elite social"[16].

Afinal, a escolha delas foi clara: decidiram abrir os jardins da escola do Eldorado e de dirigir a experiência educativa aos meninos e meninas das favelas. Houve alguma inevitável recriminação por parte dos políticos locais, mas a experiência prosseguiu e os anos seguintes, nesse sentido, foram muito intensos para Linda e suas companheiras. Em pouco tempo estavam gerindo dois institutos escolares ao mesmo tempo, mas com instrumentos pedagógicos necessariamente diferentes, por causa dos contextos sociais em que estavam inseridos. Algumas prosseguiram o próprio empenho no Instituto feminino do centro da cidade, com experimentações educativas de vanguarda, ao passo que outras se dirigiram para os confins da área

---

[16] L. Bimbi, *Lettere a un amico. Cronache di liberazione al femminile plurale*, Marietti, genova, 1990, p 10.

industrial, o Eldorado, a confrontar os mesmos métodos didáticos alternativos com a fome dos estudantes e com suas famílias de operários.

Era o início dos anos Sessenta e, no governo de João Goulart, respirava-se um ar de reformas e muitos se mobilizavam: camponeses, universitários e os próprios habitantes dos subúrbios urbanos.

Também nos relatos da Comunidade emergem, hoje, lembranças em plena sintonia com esse fermento cultural e social. Na escola do Eldorado, por exemplo, quando os operários entravam em greve, iam reunir os alunos em assembleia para explicar-lhes porque seus pais estavam protestando; os programas das aulas eram organizados com os próprios alunos; foi organizada uma horta comunitária de maneira que os alunos pudessem alimentar-se antes das aulas.

No Colégio Helena Guerra de Belo Horizonte, enquanto isso, Linda havia sido nomeada diretora e as atividades prosseguiam com frenética vivacidade. O objetivo era ambicioso, mas a convicção que as movia era o de que fosse possível "mudar a juventude da alta burguesia de Belo Horizonte por meio de instrumentos pedagógicos novos e alternativos"[17].

Na base do trabalho educativo havia uma idéia bem precisa de escola, não a de depósito de cultura que

[17] Ibidem, p.46

se entrega, mas lugar em que educadores e alunos a buscam juntos e em que os instrumentos pedagógicos visem libertar "a capacidade de criar, participar, serem responsáveis, que são latentes em todo ser humano"[18]. Tudo isso emerge claramente dos testemunhos das alunas, algumas ainda em contato com a Comunidade, concordes em reconhecer em Linda o papel de guia em suas vidas e, na experiência do Colégio Helena Guerra, o momento decisivo para sua formação política e a formação de sua identidade.

A cerca de dois mil quilômetros de distância, em Recife, naqueles mesmos anos, o educador Paulo Freire estava pondo em prática seu método de alfabetização de adultos, especialmente na zona rural, que era, também, um método de conscientização social e política. A primeira aplicação do método foi feita em cinco alunos no "Centro de Cultura Dona Olegarinha", que era um Círculo de Cultura do Movimento de Cultura Popular do Recife (MCP). Criada a Universidade do Recife, Paulo Freire foi dirigir um Departamento, de onde se irradiou seu método, através de organizações da Igreja Católica, por meio de convênios com os governos, sobretudo do Nordeste, como o de Pernambuco.

A "identificação com seu método", reconhece Linda, foi cada vez maior. Na qualidade de diretora do Colégio, Madre Raffaela preocupou-se em chamar

---

[18] Ibidem, p.48

os especialistas nas técnicas pedagógicas de Freire, para que as professoras aprendessem antes de mais nada o método e o pudessem “traduzir” naquele contexto. As jovens religiosas da comunidade foram as primeiras, portanto, a serem “alfabetizadas”, a ter novos instrumentos de leitura da sociedade em que viviam.

Portanto, se no Eldorado o objetivo das educadoras era o de criar uma consciência de dignidade nos alunos, “de mostrar-lhes aquilo que não sabiam que eram”, como contam hoje, no Colégio de Belo Horizonte trabalhava-se no sentido de que as alunas tomassem consciência de seus privilégios. A principal novidade foi justamente a relação entre disciplina e liberdade, que desde logo caracterizou tanto o método – “um diálogo permanente sem imposições” – explica Linda, quanto à escolha dos conteúdos pedagógicos.

Todo mês eram organizadas reuniões com o corpo docente, formado em grande parte por professores leigos, para estabelecer conjuntamente o programa didático mensal. Normalmente naquela ocasião se escolhia uma temática a ser enfrentada, de modo que cada professor, na própria matéria, pudesse aprofundar um aspecto. Foram introduzidas também novas disciplinas nos currículos, como a música e o cinema, matérias pioneiras para aquela época, que tornavam o Colégio, conforme alguns alunos e professores, como o prof. Gagliardi, “uma escola diferente das outras “. Organizou-se um cineclube, com sessões noturnas, aberto às alunas que quisessem frequentá-lo, onde se projetavam filmes de um certo teor cultural. Isto – conforme as intenções de Linda – para despertar nas jovens e ricas alunas "um certo chamado à realidade da vida, que lhes mostrasse que a vida não é só divertimento e conforto".

A primeira hora, a chamada "Hora de formação", era, ao contrário, confiada às educadoras da comunidade. Tratava-se de um momento de reflexão sobre a realidade e sobre a vida, a partir de elementos concretos e cotidianos confrontados com as escrituras evangélicas. Quando foram programados, por exemplo, dois ou três meses sobre os direitos humanos, cada dia penduravam, na entrada do Colégio, um capítulo diferente da Declaração Universal dos Direitos do Homem. Assim as alunas as leriam e, durante a primeira hora, refletia-se sobre aquilo. A essas reflexões, de vez em quando, seguiam-se visitas às favelas, com o intuito de interessar e estimular cada vez mais as alunas, inclusive na construção de uma pequena escola juntamente com os moradores.

Outra novidade didática do Colégio era a dos "Encontros" ou "Acampamentos", um substituto daquilo que nas escolas tradicionais se chamava retiro. Não um retiro espiritual, conta Linda, mas "encontros entre grupos nem sempre homogêneos que não ocorriam na igreja ou outro lugar sagrado, mas na natureza, em fazendas ou acampamentos". Eram encontros porque as pessoas se encontravam, se conheciam, viviam juntas. Duravam dias e cada vez se escolhia um tema diferente.

Também as famílias eram convidadas a participar de reuniões "em que se dizia o que se pensava (talvez demais)": havia sido criada uma associação de pais e docentes que garantia o compartilhamento de propósitos sobre a educação das jovens alunas, com grande e ainda viva maravilha dc Linda, visto o clima repressivo que dali a pouco iria se difundir.

Até 1964, foram para a comunidade anos de fermentação. As reflexões sobre o método pedagógico a ser adotado, num momento de vivacidade democrática no Brasil, se traduziram, sobretudo graças à experiência do Eldorado e ao confronto com as realidades mais pobres das periferias urbanas, num percurso de revisão e renovação das práticas pastorais.

"Com a consciência de hoje sei que a pastoral é vertical e não questiona as estruturas autoritárias da igreja; é sobretudo ambígua porque, dependendo de quem a gere, pode ser instrumento tanto de renovação como de conservação. Em todo caso, nós apostamos numa pastoral de renovação"[19].

O vento de liberdade e o fermento introduzidos pelo Concílio Vaticano II (1962-1965) encontraram um terreno receptivo e particularmente fértil no continente latino-americano – principalmente no Brasil. Ofereceram um suporte teórico fundamental, além

---

[19] Ibidem, p.49

de um ânimo à praxis que os grupos e os movimentos cristãos começavam a experimentar.

"Havia um clima que favorecia a reflexão como se fosse primavera", conta hoje uma componente da Comunidade, acompanhada por um coro de vozes que falam dessa importante passagem, uma após a outra, trazendo vivo o espírito de então:

"Era um período muito fértil e criativo: os dominicanos, os franciscanos, os jesuítas... todos tinham um grupo de reflexão e nós participávamos desses grupos para confrontar-nos e levávamos muitas pessoas para falar no Colégio, porque queríamos o crescimento de uma consciência crítica das alunas. Era o tempo da "teologia da realidade terrena" e era um fermento de reflexão e de crescimento também nosso: começávamos a nos abrir às grandes problemáticas do mundo provocadas justamente pela reflexão evangélica, pelos documentos do Concílio que nós na comunidade estudávamos minuciosamente"

E ainda:

"Havia a passagem da Igreja como Instituição à Igreja como Povo de Deus, como fermento, e então era preciso escolher... ou a fidelidade à Instituição, ao Vaticano, ou a fidelidade a essa Igreja. [...]. Havia a preocupação de viver essa dimensão de "Deus está no meio das pessoas" e a releitura do êxodo como caminho de libertação para todos, em que é o povo que caminha"[20].

---

[20] Voz da Comunidade.

No interior do grupo, as jovens religiosas, guiadas por Linda e Maria Elena, constituíram grupos de reflexão e de releitura da Bíblia. Na busca de uma "espiritualidade empenhada", as experiências da pastoral renovada traduziram-se em atividades de animação no território, com as famílias. "Apoiadas por um grupo pequeno mas eficiente de jovens sacerdotes – lembra Linda – fazíamos as celebrações litúrgicas nos lugares de trabalho, nas casas, nos morros, adaptando-as às circunstâncias"[21]. À noite, no grande edifício do Eldorado, onde além da escola ficava também a casa do noviciado, se reuniam para comparar as descobertas que emergiam a cada dia" e para fazer a "revisão cotidiana comunitária dos fatos".

No entanto, logo perceberam que não era suficiente renovar a pastoral, que era preciso, ao contrário, sair das paróquias "para dar expressão ao povo e responsabilidade às pessoas"[22]. O ambiente das favelas às margens da zona industrial onde, enquanto isso, junto às alunas ricas do Colégio, os grupos de educadoras realizavam cursos de puericultura, educação sanitária e alimentar, resultou ser o terreno mais fértil nessa fase de grande atividade. Como faz questão de explicar Linda: "foi a vida que nos educou. [...] Tivemos muitos mestres, mas é preciso sempre começar daquilo que dizem as pessoas, e reconstruir a vida delas desde esse ponto".

---

[21] Ibidem , p. 49.

[22] Ibidem, p. 26.

Com o golpe militar de 31 de março de 1964[23] a situação mudou rapidamente e o grande fermento do grupo cedeu o lugar a uma atitude de atenta cautela. Não abandonaram suas atividades educativas, ou melhor, como conta Linda, nunca "deram um passo para trás", pelo contrário, a ditadura militar se tornou uma temática a ser enfrentada, e uma razão a mais para estimular a crítica da consciência "burguesa" das alunas. Significativo nesse sentido foi a idéia de organizar um festival de canções brasileiras engajadas: partindo dos textos das canções da Bossa Nova[24], as alunas eram convidadas a falar da ditadura e da situação social e política.

As atividades do Colégio e de todo o corpo docente, porém, foram logo colocadas sob acusação e não somente pela polícia, mas também por muitas famílias das alunas, "divididas - conta Linda - entre a hostilidade em relação a nós e o amor pelas filhas, que

[23] No fim de março de 1964 o governo do presidente João Goulart estava sob forte tensão entre os que eram favoráveis às chamadas reformas de base, que propunha, e os poderosos grupos que a elas se opunham, com grande apoio do governo americano. No dia 1º de abril, as Forças Armadas, lideradas por Humberto de Alencar Castelo Branco, deram o golpe de Estado contra o presidente constitucional, que instaurou uma ditadura militar que duraria até 1985.

[24] Gênero musical que tem origem no samba e que nasce no Brasil no fim dos anos Cinquenta. Com o agravar-se da situação social e política brasileira, os textos das canções da Bossa Nova exprimiam posições críticas e a música se tornou um meio de oposição política. O mais famoso músico da Bossa Nova é João Gilberto.

não admitiam censuras ou medidas repressivas contra suas educadoras"[25].

"Foi um período em que vivemos um pouco perigosamente, continuando nossos métodos, mas acredito que no começo fomos poupadas porque tínhamos "defensores" na Igreja oficial: o famoso Dom Hélder Câmara, por exemplo, arcebispo de Olinda e Recife, em Pernambuco, ou Dom Antônio Fragoso, bispo de Cratéus, no Ceará: eram pessoas extraordinárias e isso muitas vezes bastou para nos proteger".

Um dia Linda foi convocada a comparecer num quartel, na qualidade de testemunha, e este episódio ficou bem marcado na memória das companheiras: "Enquanto atravessava o corredor do quartel viu o Padre Lage, um sacerdote que se envolveu muito com as Ligas Camponesas, um verdadeiro revolucionário. [...] Havia sido torturado e tinha as mãos atadas. Linda, que devia entrar na sala para dar o testemunho, voltou atrás e lhe beijou as mãos. Naquele momento pensou que seria presa, porque ele era considerado um terrorista, mas não foi"[26]. "Foi um impulso incontrolável"[27] – acrescenta Linda, referindo-se ao mesmo episódio – que a levou a fazer um gesto, o de beijar-lhe as mãos – um gesto que de modo geral, como diz, sempre repudiou e evitou.

---

[25] Ivi, p.50.

[26] Voce della Comunità..

[27] Ibidem.

Era forte nelas a sensação de serem continuamente observadas e, naquele período de medo e suspeitas, a Comunidade conta uma curiosa brincadeira do destino. Ao lado do Colégio fora morar, sob cobertura, Dan Mitrione, contratado pela Agência dos Estados Unidos para o Desenvolvimento Internacional (USAID) para treinar as polícias de Minas Gerais e do Rio de Janeiro, no Brasil, e a polícia do Uruguai, a torturar presos sem deixar marcas. Ele seria sequestrado e executado pelos Tupamaros, no Uruguai. Dele, as religiosas da Comunidade se lembram apenas de como se irritava com a música que tocavam pela manhã para acompanhar a entrada das alunas.

Depois dos primeiros meses, contam hoje Linda e as companheiras, a situação se acalmou, mas foram anos, aqueles entre 1964 e 1967, de calma aparente, em que se podia perceber claramente os sinais daquilo que iria ocorrer dali a pouco tempo.

Na Itália, enquanto isso, os Superiores da Congregação, se de um lado pareciam ignorar as notícias alarmantes que chegavam do Brasil, os interrogatórios e as vicissitudes sofridas pela comunidade brasileira, por outro lado pareciam conscientes dos tumultos interiores que as animavam. Decidiram, naquele período, demitir Maria Elena da função de Assistente Geral e a enviaram ao Canadá, primeiro, e depois ao Iran, permitindo-lhe voltar ao Brasil somente no fim de 1966. Portanto, Linda ficou sozinha na orientação do grupo e das atividades que, uma vez retirados os refletores sobre elas, retomaram com grande vigor e com maior intensidade.

De fato, foi justamente naqueles anos que a Congregação iniciou uma nova experiência em Macapá, na Amazônia.

Linda e Maria Elena haviam descoberto esse lugar numa viagem em que encontraram o doutor Candia, que ali tinha um pequeno ambulatório. Era uma ilha, à qual se chegava com casquinhos, pequenas embarcações nas quais, dependendo das marés, "às vezes se chegava com o barco diretamente no cais, outras vezes era necessário subir uma escada".

O primeiro contato, como lembra Linda, foi o de levar para lá alunos universitários de Belo Horizonte para conhecer o lugar e os habitantes. Eram alunos aos quais Linda lecionava Linguística na Universidade – de que se tornara docente por meio de concurso – e com eles organizou entrevistas. A tentativa era aplicar o método de Paulo Freire e os jovens se dispuseram a ouvir aquele mundo cultural tão diverso do seu próprio.

"Nos interessava a linguagem que vem de baixo, entender como falavam e exprimiam, eles que nunca haviam estudado e sempre haviam trabalhado... entender como diziam as coisas, as palavras que usavam [...]. Eram feitas gravações para criar uma linguagem".

Nos anos sucessivos, a comunidade começou em Macapá uma nova experiência: a partir de 1969, algumas companheiras de Linda começaram a trabalhar como educadoras nas escolas públicas do lugar. A experiência do grupo durou até 1973.

Em Belo Horizonte, enquanto isso, as atividades didáticas prosseguiam em aberto confronto com a realidade social e política que se respirava: "os cursos de história eram praticamente de contra-história"[28], e foram convidadas diversas testemunhas a irem ao Colégio para contar às alunas sua experiência. Entre eles, na Comunidade, lembram principalmente de Dazinho, um minerador que, frequentando uma favela, haviam conhecido alguns anos antes. Era operário da mineração de ouro da Saint John del Rey Mining Company, em Nova Lima, Minas Gerais. Era líder sindical. Em 1962, havia sido eleito para a Assembleia Legislativa de Minas Gerais, pelo Partido Democrata Cristão. Continuou trabalhando nas minas alguns dias por semana, dividia seus vencimentos de deputado com os operários. Logo depois do Golpe de 1964, foi cassado, preso, torturado e condenado a dois anos de prisão. Quando saiu, começou a frequentar o Colégio e a contar sua história, tornando-se, diz Linda, uma "grande testemunha para a nossa consciência".

De fato, tornou-se prioritário, para Madre Raffaela e todo o corpo docente, agir sobre a consciência das alunas: perceberam que "os novos modelos pedagógicos criavam mentalidades novas, mas ainda

[28] Ibidem, p. 52.

muito frágeis para se definir concretamente diante das pressões do ambiente"[29].

Tentaram nesse sentido a experiência de "democratizar a escola" através de bolsas de estudo para jovens provenientes das camadas populares, alguma aluna merecedora da escola do Eldorado e algum jovem proveniente de Macapá, mas a experiência - lembra Linda – "foi desastrosa".

"Num dado momento eu estava cheia de interrogações, inclusive sobre mim mesma, e quis fazer a experiência de transferir para Belo Horizonte, a esplêndida capital, um grupo de alunos da Amazônia. Vieram, mas nunca se adaptaram àquele ambiente. [...] Uma experiência muito difícil, mas muito interessante, porque o contato das alunas, recentemente convertidas a uma forma meio vaga de socialismo, não foi inútil. A consciência histórica sempre foi minha força".

Foi uma experiência negativa, "penosa", contam hoje Linda e as outras, porque a diferença cultural era por demais forte e o sofrimento provocado pelo confronto era muito grande.

A reflexão sobre o método pedagógico se tornou urgente e "toda a comunidade educativa" do Colégio mobilizou-se para a redação de um documento que pudesse representar um instrumento de análise interna do método e de análise do conteúdo dos currículos

---

[29] Ibidem.

escolares. Que fosse, também, um documento para ser divulgado entre as famílias e para compartilhar com os outros Institutos. "O elemento cultural refinado deixava perplexos e inseguros os pais tradicionalistas"[30], preocupados com as modalidades "revolucionárias", mas satisfeitos pelo nível intelectual proposto, o que provavelmente fez com que nenhuma aluna fosse retirada do colégio naqueles anos.

"Educar para o empenho com a história" era o título do documento que foi produzido, no qual não somente se denunciava "a falta de prática e o excessivo intelectualismo"[31] do sistema pedagógico, mas se afirmava principalmente a urgência de um confronto com a história, de estimular a chamada consciência histórica dos alunos. "Nosso objetivo – se lê no documento – é formar cristãos conscientes e presentes na construção do mundo".

A "consciência histórica", o forte de Linda, é um conceito que foge às explicações técnicas, pois "foi inventado praticando-o, fazendo-o".

Resulta como uma experiência antes de mais nada emotiva, que Linda viveu sobre si mesma antes de transmiti-la aos outros: "Se eu não tivesse conhecido a miséria no interior do Brasil, nem eu teria podido crescer", conta.

---

[30] Ibidem.

[31] Ibidem.

"Entre minhas alunas havia muitas filhas de gente rica e então eu quis difundir a consciência de seus privilégios. [...] Num certo sentido a história do Brasil me ajudava. Mas me ocorreu ensinar também em regiões difíceis e pobres e conhecer os últimos, de quem me enamorei, e isso me levou, não a ser marxista, porque não posso dizer de tê-lo sido, mas a querer valorizar e conhecer aquela cultura. [...]

"Claro, algumas alunas continuaram no seu mundo, mas muitas aderiram ao nosso método e fizeram uma escolha de vida para o outro: era um coro, mas talvez somente agora eu o sinta como um coro, porque dele me chegam os ecos".

Naqueles anos, Linda animava também um grupo de Diretoras de outros institutos e era um ponto de referência para as outras escolas católicas, mas não só.

De fato, em 1967, foi convidada a realizar um seminário no Colégio protestante Isabella Hendrix exatamente sobre o tema da consciência histórica.

"Não posso dizer que tivesse um forte relacionamento com a equipe do Isabella Hendrix. Mas oficialmente o nosso era um Colégio católico que ensinava coisas de que também os protestantes gostavam. Falando para eles e com eles, para não cair em questões religiosas, meu ponto de partida sempre foi o da consciência histórica, de como é importante que o adolescente se confronte sempre com a realidade".

Nas lembranças das companheiras da Comunidade, esse Seminário permanece como um momento decisivo também para o percurso de reflexão interna que o grupo de mulheres havia iniciado e que conduziu aos acontecimentos decisivos do ano seguinte. "Linda nos ajudou muito a mudar nossa mentalidade – reconhecem hoje: acordamos para a consciência histórica e começamos a fazer reflexão evangélica como reflexão sobre os fatos da realidade".

O empenho de Linda, enquanto isso, continuava também nas salas universitárias, teatro de grande fermento político e cultural daqueles anos. As associações de estudantes se reuniam em assembleias e marchavam pelas ruas: diante da restrição cada vez maior às liberdades civis e sociais, Linda começou a acompanhar, na qualidade de educadora, as inquietações dos jovens que se opunham à ditadura.

"Depois explodiu o que devia explodir, mesmo porque eu era muito próxima dos jovens que se rebelavam, sobre isso não há dúvida, mas nunca estivera de acordo com a luta armada que eles haviam iniciado. Afinal, eu me tornara um ponto de referência para a juventude inquieta. Compreendia profundamente esses jovens que lutavam pelos direitos humanos e a coisa se tornou perigosa".

4. A passagem

O ano de 1968 abriu-se com uma retomada das contestações políticas: os estudantes e os operários, assim como estava acontecendo em várias partes do mundo, também aqui se mobilizaram em manifestações de massa.

Era uma situação histórico-social de efervescência, que servia de quadro aos acontecimentos internos do grupo brasileiro da Comunidade. As novidades pedagógicas propostas, a escolha de se abrir aos diversos estratos sociais, as novas formas de pastoral eram, todos eles, sinais de um percurso de revisão iniciado havia alguns anos e que agora estava se tornando um caminho claro, numa única direção, e sem possibilidade de volta.

A Igreja brasileira, embora com posições pluralistas, mostrava-se alinhada contra a ditadura e as formas de violência usadas pelo governo, que já apareciam através das denúncias dos prisioneiros políticos. Mas principalmente, através das idéias de uma Teologia da Libertação[32], que começavam a emergir, os bispos e os

---

[32] Teologia que se desenvolveu na América Latina e que interpreta o anúncio evangélico como anúncio de emancipação social e política das populações mais pobres e oprimidas. Nasceu como sinal de acolhimento da mensagem de renovação eclesiástica do Concílio Vaticano II e – ao mesmo tempo – como condenação do apoio que, no interior dos vértices

sacerdotes cada vez mais situados no contexto sócio-político da resistência. Aquelas mesmas idéias, além do mais, continuavam a penetrar nas salas de aula universitárias e a animar o debate entre os estudantes.

"Aquele foi um momento importantíssimo porque, inspiradas pela Teologia da Libertação, fizemos 'a passagem': foi uma primeira forma de conversão para a esquerda verdadeira. Eu nunca aderi a nenhum de seus partidos. [...] Esses jovens (os estudantes universitários aos quais Linda ensinava), que vinham de várias ideologias políticas de esquerda, participavam de diversos grupos revolucionários de diferentes extrações. Eu participava de suas reuniões, mas não estava intimamente de acordo com suas fórmulas. 'Sim,

---

católicos, havia sido dado por muitos prelados aos ditadores e às juntas militares que se haviam instalado em muito países latino-americanos. O nascimento do movimento remonta à conferência episcopal latino-americana (CELAM) realizado em 1968 em Medelin, na Colômbia, onde muitos representantes da hierarquia eclesiástica tomaram posição em favor dos grupos deserdados pela sociedade latino-americana e de sua luta, e se pronunciam a favor de uma Igreja popular e socialmente ativa. A denominação se tornou universal depois da publicação do ensaio do sacerdote peruano Gustavo Gutierrez, Teologia da libertação (1971). O próprio Gutierrez a definiu como "tentativa de interpretar a fé a partir da práxis histórica concreta, subversiva e libertadora, dos pobres deste mundo, das classes oprimidas, dos grupos étnicos desprezados, das culturas marginalizadas". A partir de então se multiplicaram as comunidades eclesiais de base (CEB), núcleos ecumênicos empenhados em viver uma fé de participação nos problemas da sociedade. No Brasil, tiveram o apoio do cardeal arcebispo de São Paulo, dom Paulo E. Arns e do arcebispo dom Hélder P. Câmara, de Olinda e Recife.

mas para nós estudantes é importante que a senhora, nossa professora, esteja presente', diziam.

"Foi um período muito trabalhoso, porque se tratava de questões que diziam respeito à consciência".

Dos relatos de Linda e das companheiras vê-se que, nesses anos de transformações internas do grupo, além das externas, no cenário da história brasileira, foram fundamentais a amizade e o apoio de Dom Hélder Câmara e de outros sacerdotes alinhados quanto às instâncias pós-conciliares e quanto às posições pedagógicas de Paulo Freire, como, por exemplo, Dom Marcos Noronha. Um apoio que resultou decisivo principalmente para enfrentar os momentos mais difíceis da repressão: para a casa de Dom Marcos foram oportunamente transferidos muitos dos livros "perigosos" de Linda, aqueles afins ao pensamento revolucionário. Ela mesma se escondeu lá um dia inteiro, sendo procurada pela polícia.

Mas foi um apoio também e sobretudo de tipo moral, porque, vindo de uma personalidade como Dom Câmara, deu provavelmente maior "crédito", aos olhos externos, às posições que o grupo assumiu, pouco depois, em relação à ditadura e à Instituição eclesiástica. A Comunidade lembra bem ainda hoje suas palavras: "Vejo em vocês um sinal do Espírito".

"Dom Hélder era muito conhecido por todos e não suficientemente por mim. Nos encontramos diversas vezes e, digamos, tivemos conversações sobre o que nos mantinha unidos na fé e na confiança num Deus que ama seu povo, num Deus criador e libertador, mas ele nunca quis renegar as práticas oficiais da Igreja. Ele era um bispo que viajava pelo país inteiro, fazendo conferências e denunciando a ditadura.

Bastava dizer que éramos amigas de Dom Hélder Câmara. [...] Seu nome nos ajudou muito no início aqui na Europa, quando tivemos que sair do Brasil. Tê-lo tido como amigo foi-nos de grande ajuda para que fôssemos aceitas por todos aqueles que nos ajudaram".

Enquanto isso, no início do ano, no interior da comunidade ganhava pé a idéia de fechar o Colégio Helena Guerra: uma escolha forte, uma transformação radical que se percebia na realidade como natural prosseguimento do processo de conscientização já iniciado.

"Nos sentíamos como se fôssemos culpadas, aliadas da sociedade que nos mandava as filhas e que em parte nos criticava. Além do mais, criava-se uma esquizofrenia nas alunas, entre aquilo que entendiam e aquilo que não conseguiam pôr em prática, porque se falava de consciência, de responsabilidade histórica e depois voltavam para casa e encontravam um modo todo diferente de ver a realidade".

Foi iniciado, assim, o preparo do documento para propor o fechamento do Colégio: todos os professores já estavam em grande parte de acordo[33] e o diálogo

[33] "Dois professores estavam na prisão e alguns, como Roberto, o profes-

com a Casa Mãe se tornara cada dia mais duro. O confronto foi se tornando mais constante e necessário para fazer compreender o andamento da situação também no outro hemisfério, porque a sensação era que na Itália, "enquanto a sociedade civil estava em fermento, a sociedade eclesiástica estava em fase regressiva em relação ao Concílio"[34]. Assim, no mês de julho, o grupo brasileiro entrou em Assembleia permanente, inclusive para se preparar para o Capítulo Geral[35] de toda a Congregação, que iria se realizar em Roma, em outubro.

"Antes vestíamos o hábito, depois nos vestimos como as pessoas normais. [...]. Líamos o jornal que chegava de Paris, com o relato das revoltas juvenis e devo dizer que havia uma parte do clero bastante interessado naquilo que ocorria na Europa, embora estivéssemos tão longe. Isso foi decisivo para nós".

O ano de 1968 foi particularmente importante para o grupo de mulheres porque em Medellin, na Colômbia, em agosto, se realizou a célebre conferência dos bispos latino-americanos que, como lembram na

---

sor de Geografia, desaparecera. [...] Eram todos empenhados...": Voce della Comunità..

[34] L. Bimbi, Lettere a un amico. Cronache di liberazione al femminile plurale, Marietti, Genova, 1990, p. 70.

[35] Nos Institutos de vida consagrada pela Igreja Católica, o Capítulo Geral se configura como assembleia colegial representativa de todo os institutos, com a finalidade da reflexão compartilhada e da tomada de decisões em relação à vida religiosa comum dos membros do Instituto.

Comunidade, "para a América Latina foi fundamental, pela opção preferencial pelos pobres, mas também por uma revisão da vida religiosa. Toda a teologia mudava de perspectiva"[36]. Disso resultava uma nova figura de religioso que devia "encarnar-se" na realidade e se confrontar, de fato, com aquilo que Linda e as companheiras definiam "consciência histórica".

"O continente latino-americano, que estava acordando, foi percorrido pelo grito profético de Medellin: 'A miséria deste continente, como fato coletivo, é uma injustiça que grita ao céu: o que fazer?' Entendemos que o caminho devia se radicalizar cada vez mais, porque não nos era possível pensar a história a não ser partindo dos vencidos, nem orientar nossa práxis fora da escolha preferencial dos últimos[37]. Nessa fase começamos a absorver as mensagens. Fazíamos assembleias e as decisões eram tomadas em conjunto, levantando-se a mão. Era o momento da mudança e todas podiam se expressar, as mais antigas como as mais novas, recém chegadas".

Reuniram-se em assembleia nos espaços do Eldorado que, nas lembranças de Linda, permanece "o lugar da reflexão e um refúgio lindíssimo". As reuniões começavam sempre com a leitura de parte dos

---

[36] Voce della Comunità..

[37] Daniela e Letizia, "Un lungo cammino alla ricerca della liberazione", in **Servitium - Quaderni di spiritualità**, anno 1986 n. 47, série III, Marietti, p. 78.

documentos do Concílio e de Medellin, para depois continuar com a discussão de seu modo de agir e as consequentes escolhas de vida. Divididas em pequenos grupos de trabalho, cada um preparava relatórios sobre temas específicos para depois confrontá-los com os outros. Desses encontros não participava somente toda a "missão" do Brasil, mas havia também um representante do bispo, Dom Arnaldo Ribeiro, "uma figura que nos acompanhou com grande amizade naquele período... Ele estava ali, mas escutava sentado no último lugar"[38].

A primeira proposta amadurecida na Assembleia e que seria levada ao Capítulo de Roma foi o pedido "de uma autonomia de seis anos para fazer a experiência concreta dos nossos projetos. [...] Parecia-nos uma idéia magnífica e realizável"[39]. Decidiram compartilhá-la com as outras "missões" antes de outubro, e ir ao Canadá, Filipinas, Iran e Líbano, onde se percebiam fermentos semelhantes. Só nesse último caso as reações foram positivas, ao passo que notícias alarmantes chegaram à Casa Mãe, em Lucca, de várias partes. Ao Brasil chegou o preceito formal de fazer regressar o grupo de irmãs, que, além do mais, haviam partido sem nenhuma permissão.

[38] Voce della Comunità..

[39] L. Bimbi, Lettere a un amico. Cronache di liberazione al femminile plurale, Marietti, Genova, 1990, p. 58.

"Nesse momento percebi que as noções de pecado e de responsabilidade haviam tomado em nós uma inversão de rota, que de fato havíamos atravessado o Rubicão"[40].

Não foi muito útil a viagem que Maria Elena e algumas companheiras fizeram a Roma para preparar o terreno para o Capítulo de outubro: foram recebidas "no parlatório, como se usava fazer para os estranhos"[41]. A recusa de suas propostas foi total, mas por ocasião daquela viagem Padre Pedro Arrupe, conhecido através de um jesuíta brasileiro, deixou-lhes uma mensagem decisiva: "Se quiserem fazer algo de verdadeiramente novo, devem libertar-se das amarras da instituição oficial". A desilusão da recusa no interior da Congregação encontrou alívio nessas palavras e, como conta Linda, "não somente a semente caiu num terreno já preparado, mas para elas o risco de errar tornou-se um valor"[42].

Quando as representantes brasileiras partiram para o Capítulo Geral, não tinham muitas esperanças. Linda renunciou a dele participar, na qualidade de Provincial, deixando à assembleia a tarefa de escolher as pessoas a serem enviadas.

O andamento do Capítulo Geral confirmou as impressões da viagem preparatória e as últimas

---

[40] Ibidem, p. 57.

[41] Ivi, p. 60.

[42] Ibidem, p. 61.

expectativas foram outra desilusão: "Durante o Capítulo íamos ao banheiro para falar entre nós, porque era proibido fazer reuniões. Fomos com propostas, mas nada... e então fomos embora"[43]. A alternativa com que voltavam ao Brasil era clara: renunciar a seus projetos ou sair da Congregação.

"Estava claro para nós que a "doutrina" católica, principalmente a que dizia respeito à disciplina da vida religiosa, havia sido feita por homens cuja finalidade era salvaguardar sua instituição e autoridade. Essa doutrina não correspondia ao evangelho que havíamos aprendido a ler com os pobres, mas também com os Teólogos da Libertação"[44].

Na noite anterior à votação pela Assembleia da separação da Congregação, Linda e Maria Elena se reuniram no bosque de eucaliptos do Eldorado. "Era um bosque imenso e estávamos sentadas num dos bancos provisórios", lembra Linda daquela noite, que ficou quase legendária na memória da Comunidade.

"O que dizemos? Sim ou não, e avaliamos as consequências das nossas ações tentando entender o que procurávamos na vida. E nos encontramos na vida. Era impossível continuar a praticar um estilo de vida que não espelhava nossas consciências, nem o ensinamento que dávamos aos jovens. Nos certificamos de que não havia outras possibilidades: 'Mas você

---

[43] Ibidem, p. 61.

[44] Ibidem, p. 65.

topa?', perguntou-me Maria Elena... Esperei um pouco e depois disse: 'Topo!' e daí partiu tudo...

"Tentamos explicar a todo o grupo (refere-se ao inteiro grupo brasileiro da Congregação) o que pensávamos e as nossas intenções. Foi magnífico porque só houve duas dúvidas, duas jovens que saíram, mas as outras estavam tão felizes! Eram cerca de 90 jovens".

Uma escolha plenamente compartilhada pelo grupo, depois de todas as passagens preparatórias feitas com espírito comunitário. Como conta um membro da Comunidade: "Éramos todas jovens e Linda tinha a responsabilidade moral e religiosa do grupo e deu liberdade a todas. Algumas se casaram, outras deixaram a comunidade. Não houve nenhuma interferência de Linda ou Maria Elena para que ficássemos, aliás insistiam: 'Podem ir... Portanto, quem ficou o fez por uma escolha profunda, que vai além do sangue e da convivência"[45].

A separação foi total, e não só com a Congregação, mas com Instituição eclesiástica de modo geral, que a essa altura lhes aparecia como esvaziada de qualquer autoridade espiritual.

"Quando Linda, Maria Elena e Dom Marcos foram ao Rio para a reunião dos bispos, para contar o passo que haviam dado, Dom Hélder Câmara nos ofereceu

---

[45] Voce della Comunità..

ficar com ele como Congregação diocesana, mas naquele momento Maria Elena foi muito clara com ele: 'Não queremos nada, queremos apenas fazer algo diferente'. Nós nunca procuramos alguém que nos protegesse, mas certamente no momento da separação Dom Câmara foi um grande ponto de apoio frente à Cúria e ao Vaticano"[46].

Linda lembra bem o diálogo de então: 'Por que não fazem outra congregação?' – 'Porque não nos interessa'. Simplesmente.

"Formamos um grupo autônomo que não tinha nenhuma ligação eclesiástica, mas era aprovado com o coração por aquela minoria de fiéis que não estavam de acordo com as terríveis desigualdades sociais que havia na América Latina. No decorrer dos anos, muitas coisas se modificaram... hoje somos um grupo laico de inspiração cristã".

O ano de 1968 estava quase no fim. Enquanto se fechava a Assembleia iniciada por Linda, Maria Elena e as outras, o cenário político brasileiro agravou-se com a entrada em vigor do Ato Institucional nº 5, o decreto governamental pelo qual eram suspensas todas as garantias constitucionais e o reconhecimento do habeas corpus: a repressão, assim, tornou-se mais violenta e arbitrária.

---

[46] Voce della Comunità..

As atividades do Colégio – embora já estivesse decidido seu fechamento nos meses seguintes – voltaram a ser controladas.

"Um dia, no Colégio, apareceu na porta um general. Eu estava lendo Medellin e, ao vê-lo, minhas mãos começaram a tremer, a tal ponto que derramei café sobre o Documento... 'O que está fazendo? – me disse – Mas por que não vem ler Medellin no quartel?'. 'Prefiro lê-lo aqui'... A partir dai começaram as ameaças".

Uma situação que se tornou cada dia mais perigosa, mesmo porque Linda e as outras nunca recusaram, dentro do possível, seu apoio aos movimento estudantis, particularmente à UNE (União Nacional dos Estudantes).

"Lembro as reuniões que às vezes fazia com eles, eu era contra a luta armada e eles, ao contrário, não... Quando o Partido Comunista Brasileiro[47] se dividiu, surgiram muitos grupos de esquerda com nomes os

---

[47] O Partido Comunista Brasileiro com o V Congresso de 1960 viu realizar-se no seu interior uma cisão, em decorrência das mudanças decorrentes do XX Congresso do Partido Comunista da União Soviética, quando Kruschev denunciou os crimes de Stalin: criaram-se o PCB e o PCdoB. João Amazonas foi o chefe ideológico e político da reorganização revolucionária do PCdoB, maoísta e filochinês. Entre 1972 e 1974, o Partido protagonizou a guerrilha do Araguaia, no chamado Bico do Papagaio, norte do antigo estado de Goiás, hoje Tocantins. A outra facção, o PCB, oficialmente não apoiou a luta armada, defendendo ao contrário formas democráticas de oposição. Mas foram muitos os militantes comunistas presos, torturados, assassinados e exilados.

mais diferentes... Num certo momento, esses grupos, junto a outros de matriz diferente que se opunham à ditadura, fizeram uma reunião para se preparar para a Assembleia conclusiva que seria realizada pouco tempo depois. Nós os havíamos hospedados na nossa casa de noviciado que ficava no campo, depois, durante aquela Assembleia foram presos e, sob ameaça de tortura, deram os nomes... os nossos nomes".

Aconteceu na noite de 21 de setembro no Eldorado e foi a própria Linda que, voltando a vestir o hábito de freira, na manhã seguinte conduziu em segurança, de carro, alguns dirigentes da UNE. Quando porém, alguns meses depois, eles foram presos durante o Congresso Nacional clandestino que se realizou em Ibiúna, a Comunidade não pôde deixar de sofrer as consequências daquela hospitalidade.

"De fato me alinhei não contra um governo, mas contra um governo de quem conhecia concretamente a violação dos direitos humanos".

Ao fechamento do Colégio de Belo Horizonte, seguiu-se a interrupção de todas as atividades institucionais que a Congregação levava adiante também nas outras cidades brasileiras: iniciou-se a dispersão da comunidade, que as levou, com o pedido oficial de dispensa dos votos, a libertar-se oficialmente da Instituição eclesiástica. A comunidade dividiu-se em pequenos grupos, em pequenas comunidades de "integração", como as chamavam, pois que a finalidade era misturar-se à sociedade: todas tiveram de procurar um novo trabalho. Linda foi viver numa casa alugada com algumas companheiras e continuou a dar aulas na Universidade. Outras iniciaram um trabalho de educação popular para jovens e adultos num bairro periférico de Belo Horizonte, mas a experiência durou apenas alguns meses, pois que, ao lado da casa para onde se haviam transferido, morava um policial, e suas atividades logo foram de novo vigiadas.

Em poucos meses a situação piorou. "Foi – como lembra Linda – um ano terrível, também por causa da repressão, até que dois pais das minhas alunas, um era tabelião e o outro diretor de Banco, vieram até nossa casa. Era quase meia noite e me disseram: 'Pelo amor das nossas filhas viemos te avisar, vá embora que amanhã cedo vão vir te pegar'. E disseram quem viria".

Linda, que pela sua ligação com as alunas era a mais exposta do grupo, foi obrigada a deixar Belo Horizonte em poucas horas, com a ajuda e o apoio da rede de amigos do grupo.

"Pedimos – lembra hoje uma companheira da Comunidade[48] – ao irmão de Maria Elena, que trabalhava no Ministerio degli Affari Esteri, na Itália, para mandar um telegrama dizendo que a mãe de Linda estava muito doente. E assim puderam encontrar uma

[48] Voce della Comunità..

passagem". Foi Dom Marcos Noronha a acompanhá-la, junto com Maria Elena, ao Rio de Janeiro e uma abadessa beneditina lhes emprestou algum dinheiro: "Não podíamos retirar o dinheiro do banco e depois, para restituí-lo à abadia, a abadessa começou a fazer traduções durante a noite... Não quis que lhe devolvêssemos nada"[49].

"Eu subi no carro com minha amiga e fui ao Rio de Janeiro. Na embaixada italiana contei minha história. Foram muito bons, me acompanharam até o Aeroporto, até eu subir no avião. Lembro que, quando o avião começou a decolar, eu adormeci".

Era 13 de maio de 1969.

---

[49] Voce della Comunità..

5. O anonimato

A partida de Linda do Brasil deu início ao êxodo do grupo e à sua transformação, às tentativas de novas formas, de experimentar novas identidades e novos papéis, desligados da Instituição eclesiástica e de um contexto conhecido e familiar[50].

Linda chegou a Roma junto com Maria Elena, presença "jovial e essencial" daqueles primeiros meses de "exílio".

"Descendo em Fiumicino fomos ao banheiro para tirar os hábitos religiosos. Saímos de lá vestidas como mulheres comuns. As que cuidavam da limpeza pensaram que éramos duas aventureiras. Começava a etapa de um outro tipo de incompreensão, aquela mais

---

[50] "A fidelidade não consistia para nós na continuidade das formas, mas em descobrir cada dia a direção do vento que 'sopra como e onde quer'. Animadas por um projeto de futuro diferente, que não se identificava com o mundo clerical, deixamos a costa: congregação, obras, regras, bens, casas, seguranças psicológicas para ir mar adentro, sem bagagem alguma. O desejo era somente o de ser um fermento evangélico, uma comunidade sem programas, no coração do mundo, sem nada de adquirido para sempre, sem mestres, sem mesmo saber para onde estávamos indo": Daniela e Letizia. "Un lungo cammino alla ricerca della liberazione", in Servitium. Quaderni di spiritualità, ano 1986 n. 47, série III, Marietti, p. 80.

doméstica, numa terra que já não reconhecia como minha"[51].

Diante dos fermentos da sociedade civil que animavam o fim dos anos Sessenta italianos, Linda sentiu-se desorientada: "Eu estranhava – conta – porque em Roma, naquele período, havia as grandes passeatas de esquerda, e eu me perguntava: 'Por que aqui sim, e lá não?'"

Os últimos acontecimentos com a Cúria tornavam a pátria de origem uma destinação pouco desejada e assim Linda, junto com Maria Elena, procuraram um lugar onde pudessem recomeçar. Utilizando, com alguma hesitação, os conhecimentos que conservavam no interior do mundo eclesiástico, chegaram a Lovaina, na Bélgica, após ter passado pela Borgonha e por Paris, sem ter encontrado motivos para ficar. Ali, Linda encontrou a possibilidade de lecionar Filologia Portuguesa e Literatura Brasileira na Universidade Católica, graças à ajuda do professor Bolelli, orientador de sua tese em Lucca.

Como Maria Elena teve de voltar ao Brasil para se dedicar à continuidade do grupo e às relações com as "missões" dos outros países naquela fase tão delicada

[51] L. Bimbi, Lettere ad un amico. Cronache di liberazione al femminile plurale, Marietti, Genova, 1990, p. 107.

de transição, outras três companheiras se juntaram a ela, oferecendo-se para compartilhar com Linda a experiência do exílio, e se inscreveram na mesma Universidade onde ela lecionava.

Pela exigência de se readaptar, encontrar um trabalho e inventar-se nova identidade, toda a Comunidade se encontrou naqueles anos, tanto no Brasil como na Europa, na necessidade de imergir "em trabalhos provisórios, humildes, não especializados"[52], para viver aquilo que definem como "Anonimato".

Como explica hoje a Comunidade, a separação da Instituição eclesiástica e o percurso de secularização que haviam iniciado, se traduziram, de fato, nessa nova realidade de "Anonimato", "não no sentido de não existir, mas no sentido de não querer aparecer, de não ocupar um lugar especial: no sentido de sermos pessoas comuns"[53]. Se no Brasil eram identificadas como "as irmãs do Helena Guerra", na Europa eram mulheres comuns. Às dificuldades linguísticas de uma terra estrangeira, somava-se a impossibilidade de fazer reconhecer seus títulos de estudo e, assim, começaram a fazer qualquer trabalho que lhes fosse oferecido, "que aliás eram os trabalhos que ninguém queria fazer", lembram ainda as companheiras de Linda.

O Anonimato, portanto, como escolha de não ter privilégios, de viver e lutar como os outros, sem as

[52] Ibidem, p.81.

[53] Voce della Comunità..

vantagens que o Colégio lhes oferecia, com a segurança de uma casa, de comida e de trabalho. Uma escolha que queria dizer, naquele tempo, como agora, "viver a vida monástica no coração do mundo"[54].

"Queremos viver como seres humanos junto a outros seres humanos, não queremos ser pessoas privilegiadas. [...] Podemos trabalhar na sociedade sem nos declarar. Claro que depois os objetivos aparecem porque, quando se conhece uma pessoa, se percebe que pessoa ela é. Quando nos perguntam: 'Mas quem são vocês?' respondemos simplesmente: 'Somos uma comunidade'".

Nessa fase de busca de uma nova identidade, porém, a Bélgica não parece representar o lugar capaz de acolher o novo percurso do grupo. Com o Brasil ainda no coração[55], os anos vividos em Lovaina são, pelo contrário, lembrados por Linda como "o pior período da minha história" e como "o único verdadeiro exílio vivido".

"Foi uma época muito triste. Eu estudara Linguística e tentei retomar aquelas aulas, mas os alunos eram muito diferentes. Eu estava acostumada às Universidades brasileiras cheias de vida, de diálogo...

[54] Voce della Comunità..

[55] "Lembro que eu procurava todos os dias no Le Monde notícias da América Latina e as comentava no nosso ambiente, isto é, entre latino-americanos, porque eu assim me considerava", in L. Bimbi, Lettere a un amico, cit., p. 128.

estava acostumada a uma espontaneidade de relações, a dizer as coisas abertamente. Encontrei soldadinhos muito bons, muito cultos, mas nada entusiasmante. Não havia paixão... Depois de um ano em Lovaina, voltei para a Itália, para sentir qual era o clima. E era melhor que o da Bélgica".

Linda decidiu voltar para a Itália, e a escolha de Roma, como lugar para onde se transferir e transferir, em poucos anos, toda a Comunidade, não foi casual. Foi Mário Cuminetti[56], teólogo, que se tornará grande amigo do grupo de mulheres, quem lhes aconselhou a Cidade Eterna. "Querem ficar longe do Vaticano? Venham morar em Roma!". Assim lembram suas palavras na Comunidade: "Vocês serão um grupo no meio de tantas pessoas, ninguém perceberá a presença de vocês".

Linda conheceu Cuminetti através de Veniero Marsan, que, graças ao seu emprego no IRI, conseguiu muitas vezes garantir às mulheres passagens econômicas em navios de carga. Os cônjuges Marsan, conhecidos alguns anos antes por meio do doutor Candia, organizaram um jantar em sua casa para apresentar Linda aos amigos. Apenas

---

[56] Mário Cuminetti "foi uma das primeiras pessoas na Itália a falar, de maneira também crítica, da Teologia da Libertação.... Um caro amigo que compartilhou conosco as primeiras horas do estabelecimento na Itália e nos enriqueceu de ciência teológica e de comunicação, porque se colocava sempre no nosso mesmo plano, sem tomar atitudes de mestre" (Voce della Comunità.).

chegada da Bélgica, Linda conheceu, naquela ocasião, não somente Mário Cuminetti, mas também Ettore Masina e sua mulher Clotilde e, naquela noite, do encontro entre os comensais nasceram amizades destinada a durar no tempo.

Linda decidiu, portanto, estabelecer-se em Roma e, seguindo as indicações de Cuminetti, se apresentou na sede do IDOC[57]. Naqueles anos, a sede de Piazza Navona era frequentada por muitos intelectuais e figuras de destaque na área cristã progressista, reunidos em torno da renovação da Igreja pós-conciliar e interessados em aprofundar, em nível internacional, as ligações entre fenômenos religiosos, dinâmicas sociais e políticas e opinião pública. Linda encontrou-se logo à vontade num ambiente internacional e dinâmico.

Enquanto isso, também outras três companheiras deixaram Lovaina, com a intenção de imergir na

---

[57] Aos tempos do Concílio Vaticano II , com o nome de "doc" (ducumentation centre) e inicialmente "do-c" (simples folhas mimeografadas) nasceu um instrumento de informação de "Centro holandês de documentação do Concílio", difundido entre bispos, teólogos, espertos e observadores para favorecer um aprofundamento informal das discussões que ocorriam na sala conciliar e nas diversas comissões. Em 1965, terminado o Vaticano II, foi fundado (a metade) em Roma o Centro Internacional de Documentação e Comunicação (IDOC) com o objetivo de recolher documentos internacionais e inter-confissionais sobre o desenvolvimento humano e religioso. Disso nasceu a revista Idoc-Internacional (International Documentation on the contemporary Church). Esse intrumento de informação, publicado em inglês, italiano e francês (de 1969 a 1971) e em alemão (de 1970 a 1971), foi adquirindo um valor internacional e ecumênico.

sociedade italiana, e algumas outras vieram aos poucos do Brasil. Como estava acontecendo além-mar, também na Itália a Comunidade quis experimentar novas formas de vida comunitária, em "pequeno grupos de integração". Enquanto Linda iniciava sua nova vida em Roma, algumas foram para a Sicília trabalhar num campo de flores e um pequeno grupo se transferiu para Nápoles, em Ponticelli, para trabalhar com jovens desabilitados, em contato com o movimento de não violência de Tonino Drago. "Queríamos viver em pequenos grupos entre as pessoas – lembram hoje as mulheres – mas depois voltamos atrás porque vimos que o valor da Comunidade, de um grupo mais denso, era um valor para nós, para o tipo de vida que havíamos escolhido"[58].

No início dos anos Setenta a Comunidade procurou, além do mais, manter contatos com as outras "missões", principalmente as do Oriente e principalmente no Iran, para compartilhar com elas a experiência da secularização, mas a realidade era muito diferente, e diferentes se revelaram os respectivos projetos. Somente duas companheiras da comunidade da Pérsia decidiram se unir ao grupo, que, pouco a pouco, um degrau após o outro, estava se reconstituindo na Itália[59].

---

[58] Voce della Comunità..

[59] "Nessa fase fizemos muitas viagens na tentativa de manter contatos com as outras comunidades. Também na Pérsia, por exemplo, haviam abandonado a Congregação, mas fizeram um percurso diferente. Nós

Enquanto isso, no Brasil, a situação política e a repressão do governo militar se agravaram e as possibilidades de agir de Maria Elena e das companheiras que haviam ficado diminuíam dia após dia. Linda, ou melhor, Ivone – este o nome escolhido para não levantar suspeitas na polícia brasileira – recebia notícias através de constante correspondência.

"O cerco se tornava cada vez mais perceptível, a escolha de sermos laicas nos tornava cada vez mais vulneráveis. A Comunidade do Eldorado sofreu muito. [...] Maria Elena, que depois de mim se tornara o alvo privilegiado dos militares, repetidamente solicitada a se apresentar e dar explicações, "'estava gravemente enferma" e, com a cumplicidade de um médico amigo, a doença nunca se resolvia"[60].

Durante os verões europeus dos primeiros anos Setenta, os grupos conseguiram encontrar-se, "utilizando – como conta Linda – navios de carga que tornavam possíveis deslocamentos difíceis para nossas possibilidades financeiras"[61]. Durantes essas assembleias tomaram a decisão de se reunirem em um único país.

---

deixamos também as escolas, pensamos que a mudança devia ser o mais possível global e então não só deixamos a instituição religiosa, mas também nosso modo de viver, de empenhar-nos com o mundo. Na Pérsia, ao contrário, quiseram conservar o Colégio, que lá também era um Colégio de elite" (Voce della Comunità.).

[60] Ibidem, p. 134

[61] Ibidem, p. 142.

"Prevaleceu a idéia que um núcleo comunitário não pode ser muito reduzido sem diminuir a força do confronto, da reflexão, das mesmas relações. No fundo nos pareceu que as pequenas comunidades, espalhadas por todo canto, necessitavam de uma autoridade central que as ligasse, mas isso ia nitidamente contra nossa inspiração anti institucional"[62].

Nos navios cargueiros, junto aos homens da tripulação longe há meses de suas famílias, viajou pouco a pouco o grupo de mulheres, jovens e brasileiras em sua maioria. Algumas nunca tinham saído do Brasil. Maria Elena – lembram – muitas vezes lhes havia falado da Itália, das pessoas e das paisagens, e havia traduzido para elas em português algumas canções de Fabrizio de André.

Somente em 1973 a Comunidade encontrou-se de novo, completa, na Itália[63].

Linda trabalhava no IDOC e publicava artigos sobre temas que interessavam à América Latina, ainda pouco conhecida na Itália: escrevia sobre lutas de libertação e o papel das igrejas; oferecia aprofundamentos sobre a situação chilena e os fatos sobre a Unidad Popular de Allende e apresentava ao mundo europeu figuras extraordinárias de religiosos latino-americanos, como Hector Gallego[64].

---

[62] Ibidemdem.

[63] Para um aprofundamento Cf. o capítulo "Comunità" na segunda parte do presente volume.

[64] Ibidemdem.

Graças ao ambiente do IDOC, Linda e, por meio dela, a Comunidade inteira, puderam encontrar figuras do mundo católico italiano plenamente inseridas no debate cultural pós-concílio e que viviam concretamente as contradições da Instituição eclesiástica. Além de Giorgio e Maria Girardet, Vittorino Joannes, Arnaldo Nesti e Fausto Tortora, diretamente envolvidos na redação romana do IDOC, junto a José Ramos Regidor, Charles Foubert e Leo Alting von Geusau, Linda conheceu personagens como Franco Barbero, Adriana Zarri, Padre Mongillo ou David Turoldo. Todas elas pessoas com as quais a Comunidade começou a se relacionar e através das quais aprendeu a conhecer a situação italiana. Particular importância teve, na vida de Linda e de suas companheiras, o encontro com Ernesto Balducci, teólogo e grande intelectual, que ofereceu à Comunidade o próprio testemunho e novos argumentos de reflexão.

De fato, naqueles anos em que o grupo de mulheres recusou o contato direto com a Instituição eclesiástica, o relacionamento com figuras de religiosos e intelectuais "à margem" se tornou fundamental. A experiência e o testemunho de padres operários, como Sírio Politi ou Rolando Menesini, proporcionaram a elas consolo e útil confronto. Algumas delas lembram as manifestações e as greves daqueles anos das quais participaram com o padre Sírio, ou os dias de panfletagem em São Pedro para informar os italianos sobre a situação brasileira. Apenas alguns anos antes, aliás, Dom Hélder Câmara, por ocasião de uma viagem a Paris, havia denunciado abertamente o uso sistemático da tortura em seu país.

Havia também a amizade com muitos Piccoli Fratelli e Piccole Sorelle di Gesù[65], a Congregação de que fazia parte Arturo Paoli, velho amigo de Linda no período de Lucca. Nas jornadas de reflexão que a Comunidade organizava, e que ainda organiza, muitas vezes convidavam os Piccoli Fratelli para que lhes oferecessem testemunhos de vida. Entre eles havia quem era carpinteiro, padeiro, coveiro e tinham a capacidade – contam algumas – "de ver a fé nas coisas mínimas da vida e de viver a espiritualidade nos modos mais impensáveis". Capacidade que ajudou o grupo em seu percurso de busca e revisão. "O que nos une – explica Linda – é esse viver de maneira silenciosa no meio das pessoas".

Entre os outros encontros decisivos dos primeiros anos em Roma, sempre por meio do ambiente do IDOC, Linda conheceu Gianni Tognoni, seu grande colaborador e amigo dali em diante. Ele foi convidado para ir a Agape, nos Vales Piemonteses, para uma das primeiras Assembleias que a Comunidade fez na Itália, no verão de 1971, num daqueles "momentos

---

[65] Congregações religiosas nascidas por obra de René Voillaume (1905-2003) e outros cinco sacerdotes inspiradas no exemplo de Charles de Foucauld (1858-1916), cujo ideal era imitar a vida de Jesus em Nazareth, uma vida contemplativa não separada do mundo, mas compartilhada com os de todas as condições sociais, principalmente nas periferias do mundo.

de confronto – contam hoje – que organizávamos e para os quais convidávamos pessoas para que nos contassem suas experiências"[66]. O encontro com Tognoni foi antes de mais nada intelectual e espiritual e se tornou, depois, profissional, inserindo-se, como aconteceu frequentemente, em seguida, no encontro com outras pessoas naquele espaço lábil, nos limites entre a vida privada de Linda na Comunidade e seu ambiente de trabalho.

Sempre através das personagens que naqueles anos frequentavam a sede do IDOC na Piazza Navona, chegou-se afinal, àquele janeiro de 1972, em Milão, na apresentação do livro de Frei Betto na Corsia dei Servi, quando Linda encontrou, pela primeira vez, Lelio Basso.

---

[66] Voce della Comunità..

6. Duas margens opostas

“Descobrir e conhecer Basso e depois aceitar trabalhar com ele foi um ponto crucial em minha vida, porque aqui na Itália não encontrava respostas, sentia-me em outro mundo”.

Quando Lelio Basso pediu a Linda para colaborar com ele na realização de um Tribunal sobre os crimes da ditadura brasileira, ela sentiu “o terror de percorrer novamente todo o recente passado” e a tentação muito forte de recusar a oferta. Não sabia muito desse “homem de cavanhaque”, mas, principalmente, a história da ditadura brasileira havia sido até então a sua própria, difícil história.

“Mas afinal aceitei porque pensei: ‘Depois do que sofri na América Latina, se existe um tribunal oficial, frequentado por jornalistas, que denuncia e traz os testemunhos daqueles que foram torturados ou mortos... não posso mesmo ignorá-lo’.

“Isso me aliviou do nó que eu tinha na garganta por ter deixado o Brasil e comecei a trabalhar com ele: o Tribunal Russell II me libertou, também psicologicamente, das interrogações que eu me punha [...]. A Itália me era estranha e, no entanto, nela encontrei justiça. Aquele senso de estar fora do lugar que experimentei vindo para a Europa o perdi na primeira sessão do Tribunal Russell II”.

Linda decidiu dedicar-se completamente a essa nova aventura, reduzindo seu trabalho no IDOC a esporádicas colaborações. Deixou portanto a bela sede de Piazza Navona e, atravessando as vielas que em volta do Parlamento se enchiam de políticos e intelectuais, em 1973 começou a frequentar Via della Dogana Vecchia nº 5, naquele tempo sede do escritório de Basso e do nascente Instituto de pesquisa para o Estudo da Sociedade Contemporânea (ISSOCO).

Lelio Basso naqueles anos já deixara o PSIUP (Partido Socialista de Unidade Proletária) e, embora continuasse na atividade parlamentar, dedicava-se à constituição desse Instituto de pesquisa e da biblioteca, eixo da futura Fundação, repropondo em suas escolhas pessoais aquele binômio cultura-política a ele extremamente caro. A ação política sem um sólido suporte cultural corria o risco de conduzir a um pragmatismo cego e essa convicção caracterizou o método com o qual Basso enfrentou e interpretou as dinâmicas políticas, econômicas e sociais do cenário internacional, que despertavam nele cada vez mais interesse e que se tornaram justamente o espaço de encontro com Linda.

Em 1966 Basso participara, na qualidade de jurado, do Tribunal Russell sobre a guerra do Vietnã. O Tribunal suscitara grande clamor na Europa e no mundo todo pela publicação de documentos que atestavam o uso de armas proibidas, o bombardeio sistemático de objetivos civis, os atos de genocídio e as torturas, submetendo ao juízo da opinião pública o então desconhecido imperialismo dos EUA. Já naquela ocasião Basso não se limitava à constatação dos crimes de guerra, mas incitava à busca de suas causas. Teve um papel relevante nessa experiência: apoiou Bertrand Russell, já idoso e doente, na gestão daquelas jornadas e a ele foi confiado o relatório final.

Quando, durante uma viagem ao Chile (1971), encontrou um grupo de exilados brasileiros[67] e surgiu a possibilidade de repetir a experiência do Tribunal para os crimes da ditadura brasileira, Lord Russell já havia morrido. Era necessário, antes de tudo, pedir à viúva e à Bertrand Russell Peace Foundation – fundada por vontade do próprio filósofo em 1963 – a permissão de usar seu nome em um novo Tribunal. Essa foi a primeira tarefa de Linda.

Junto ao jovem Gianni Tognoni – que a própria Linda chamou para colaborar com ela – encontraram na Inglaterra o presidente da Fundação Russell II. Este e a viúva Edith pareceram contentes com um novo Tribunal Russell II. Mas, poucos dias antes do início da sessão inaugural, voltaram atrás: a diversidade ideológica do júri, que contava em suas fileiras não apenas poucos representantes ingleses, mas principalmente algumas personagens do mundo católico, despertava neles

[67] Cf.L.Bimbi, "Le scelte di metodo di Lelio Basso", in Andrea Mulas (org.), *Lelio Basso: la ricerca dell'utopia concreta*, Edup/Fondazione Internazionale Lelio Basso, Roma, 2006,p. 23

algumas preocupações. Se Bertrand Russell decidira excluir do júri para o Vietnã tanto os comunistas quanto os cristãos, Basso estava contudo convencido de que, no caso da América Latina, excluí-los significava alienar-se de uma realidade que os via, pelo contrário, como forças historicamente presentes e ativas durante a ditadura.

Foi o próprio Tognoni, junto com François Rigaux, célebre jurista e professor de direito internacional da Universidade católica de Lovania, além de grande colaborador de Basso, a encontrar novamente os membros da Fundação Russell e a garantir o início de um Segundo Tribunal de opinião, que tivesse o mesmo nome do primeiro, sobre os crimes das ditaduras na América Latina.

O Tribunal foi oficialmente instalado em novembro de 1973, em Bruxelas[68], e assumiu o nome de "Tribunal Russell II sobre a repressão no Brasil, no Chile e na América Latina". De fato, apenas dois meses antes ocorrera o golpe no Chile, que levara ao poder o general Pinochet e foi a própria viúva Allende a contatar Basso para que o Tribunal se ocupasse também do caso chileno. Já houvera o golpe de Estado no Uruguai e o haveria na Bolívia: numerosos elementos faziam

[68] "Havia uma coincidência interessante com a campanha, que organizações democráticas belgas preparavam contra a 'Brasil-Expo'", a grandiosa tentativa do governo brasileiro de exibir na capital do Mercado Comum Europeu as maravilhas do milagre econômico: L. Bimbi, *Le scelte del metodo de Lelio Basso*, Roma, 2006, p. 23.

supor que houvesse uma ligação entre os governos desses países e que todos tivessem recebido o apoio do governo brasileiro, cuja ditadura aparecia agora como "o modelo" estendido a todo o continente.

Linda, que até então estivera imersa em sua pessoal história brasileira, começou a alargar sua a visão, como se o zoom de uma objetiva tivesse se projetado e agora ela conseguisse ver a imagem resultante, em que as singularidades compõem um conjunto. Sua história começava a coincidir com a história de um povo, de muitos povos.

Como aconteceu com o primeiro, também esse segundo Tribunal Russell se propôs o problema de sua própria legitimidade: como tribunal de opinião tratava-se de uma legitimidade destinada a ser reconhecida a posteriori, determinada tanto pelo vazio do direito internacional no qual se inseria, quanto pela consciência popular na qual tinha raízes e à qual se dirigia.

"Quando se discutia a oportunidade de fazer um tribunal que não era reconhecido pela lei mas que fosse expressão de uma iniciativa popular, ressaltou-se o fundamento da teoria socialista de Lelio, para o qual as coisas devem vir de baixo. Ele, que era um grande intelectual, conhecia muita gente e envolveu um grupo de pessoas extraordinárias para formar o júri... Vinham de todas as partes do mundo e eu, graças a ele, conheci personagens incríveis. O primeiro problema resolvido com eles foi o de dar às sessões uma fórmula, um método, que levasse em conta a comunidade inteira"[69].

Criou-se rapidamente uma rede de sustentação e de mobilização em favor do Tribunal e de sua causa. Basso, que não procurou financiamentos oficiais, acreditava mais na tomada de consciência de cada cidadão, "do homem da rua" - dizia - e das realidades sociais. Participava de jantares e reuniões contando infatigavelmente as razões da iniciativa. Alguns lembram ainda as cinco liras de uma senhora sarda que chegaram em Via della Dogana Vecchia nº 5 e, depois, os concertos de Claudio Abbado e de Maurizio Pollini, que, embora muito jovem, já havia participado do Tribunal sobre o Vietnã.

[69] Os primeiros membros do Tribunal foram convidados através de um apelo apoiado e assinado por Edith Russel: de 1974 a 1976 o Tribunal Russell II ficou composto por um Comitê de honra, cujo presidente era Jean Paul Sartre, sendo membros: Hortência Bussi de Allende (esposa do presidente chileno Salvador Allende), Marie Dominique Chenu (teólogo católico francês), Noam Chomsky (linguista e filósofo norte-americano), Salvatore Luria (italiano, Prêmio Nobel em Medicina em 1969), Martin Niemöller (teólogo e pastor protestante alemão), Pablo Neruda (poeta chileno, Prêmio Nobel em Literatura em 1971 e comunista militante), Sebastian Matta (arquiteto e pintor chileno); por um júri presidido por Basso e composto por: Vlado Dedijer (historiador iugoslavo, comunista militante), Gabriel Garcia Marquez (escritor e jornalista colombiano), François Rigaux (jurista belga), Albert Soboul (historiador francês); [vice presidentes], Abu Omar (intelectual palestino, membro do Movimento pela Resistência do Povo Palestino), Juan Bosch (ex presidente da República Dominicana), Luís Cabral (Presidente de Guiné-Bissau), Georges Casalis (teólogo e pastor protestante francês), Julio Cortázar (escritor e poeta argentino), Giulio Girardi

Foram criados, em nível internacional, comitês de apoio, e era possível sustentar o Tribunal através de um abaixo-assinado. Entre os comitês mais ativos estava sem dúvida o de Milão, guiado pelo filho de Basso, Piero, que promoveu numerosas iniciativas de solidariedade que, para além do objetivo mais evidente do levantamento de fundos, serviam para mobilizar o apoio da opinião pública, de acordo com as explícitas escolhas de método.

"O Tribunal era apoiado pela opinião pública. Não recebemos nenhuma doação 'oficial': apenas fazíamos falar esses jovens, o dinheiro chegava, não era muito, mas foi suficiente. Com aquela ansiedade eterna de

---

(presbítero e teólogo italiano) , Alfred Kastler (francês, Prêmio Nobel de Física em 1966), Emílio Maspero (sindicalista argentino), J.B.Metz (teólogo católico alemão), John Mölgaard (político e sindicalista dinamarquês), Joë Nordmann (advogado francês e comunista militante), Andrea Papandreou (economista e político grego), James Petras (sociólogo norte-americano), Phan Van Bach (vietnamita, Presidente da Comissão de Inquérito sobre os crimes norte-americanos da Guerra do Vietnã), Laurent Schwartz (matemático francês), Benjamin Spock (pediatra norte-americano), Jochen Steffen (sindicalista italiano e comunista militante), Armando Uribe (escritor chileno e embaixador na China no governo Allende), George Wald (cientista norte-americano e Prêmio Nobel de Medicina em 1967). O Tribunal, entre 1974 e 1976, realizou três sessões públicas, apoiadas por um grande número de testemunhos diretos: a Primeira sessão em Roma (30 de março-5 de abril de 1974), a Segunda em Bruxelas (11-18 de janeiro de 1975), a Terceira de novo em Roma (10-18 de janeiro de 1976). Durante as três sessões, à denúncia da repressão praticada pelos governos militares, o Tribunal acrescentou uma análise de seus mecanismos e de suas causas, pondo em destaque o papel do grande capital internacional.

'será que conseguiremos?' e Lelio a dizer: ' Mas por que se preocupa? A causa é justa e conseguiremos'. Se não fosse por ele...

"Além disso, havia numerosos grupos de apoio nos vários países... Os franceses por exemplo foram extraordinários, como também os belgas, os suíços, os espanhóis, os suecos: tratava-se de grupos de jovens que movimentavam a opinião pública em torno do Tribunal".

Grande apoio chegou principalmente do jornalista Ettore Masina e de sua rede de solidariedade, a Rede Radiè Resch[70], o testemunho da capacidade de um leigo como Basso de envolver nessa aventura também o mundo católico italiano. "Aquilo que antes fazíamos nós socialistas, agora são vocês católicos que fazem", dizia Basso. Graças a Masina chegou também aquele cheque de 25.000 liras de um grupo de freiras de clausura que, renunciando à sobremesa cotidiana por um mês inteiro, comoveram todos.

---

[70] A Rede Radiè Resch é uma associação de solidariedade internacional fundada em 1964 pelo jornalista Ettore Masina, inspirado pelo padre operário francês Paul Gauthier. O encontro entre Masina e Gauthier ocorreu na Palestina por ocasião da viagem de Papa Paulo VI. Radiè (Radia) Resch é o nome de uma menina palestina, morta de pneumonia enquanto esperava uma casa verdadeira: de fato com a família vivia numa gruta em Belém. O primeiro projeto da rede foi o de financiar a construção de casas para algumas famílias palestinas. Vieram depois projetos em muitos outros lugares, principalmente na América do Sul e América Central; mais recentemente na África (http://www. reter. it).

Linda teve um papel relevante na longa fase preparatória do Tribunal, principalmente pela densa rede de conhecidos que tinha na América Latina. A ela se referiam os colaboradores de Basso, primeiros entre outros François Rigaux e Salvatore Senese, empenhados na preparação de relatórios e de fichas que serviriam de suporte para a análise dos contextos políticos e jurídicos: atos legislativos, códigos, documentos, artigos de jornais que chegavam às suas mãos através de aviões de linhas.

"Foi como uma bomba que explodiu no coração da Europa", conta Linda.

Naqueles anos, a América Latina era bem conhecida na Itália e em outros países europeus, seus acontecimentos estavam nas páginas dos jornais e muitos tinham pelo menos um parente emigrado: representava, portanto, um imaginário conhecido de muitos. Para aqueles católicos que nela admiravam sua capacidade de encarnar as instâncias pós-conciliares e que olhavam com curiosidade o nascimento da Teologia da Libertação; para os homens de esquerda que haviam acompanhado o destino de Che Guevara e de sua idéia de revolução popular e que viram com esperança o governo de Unidade Popular de Salvador Allende; e para os jovens que consideravam a música da América do Sul e seus espaços intocados como cenários ideais de uma aventura e as lutas de libertação dos povos como referência importante naqueles anos de contestação.

No entanto, aquilo que emergiu das sessões do Tribunal Russell II surpreendeu e perturbou a opinião pública.

De 30 de março a 6 de abril de 1974, se realizou em Roma, na sede do Centro Nazionale delle Ricerche (CNR), a primeira sessão dedicada à violação dos direitos humanos no Brasil, Chile, Bolívia e Uruguai. Diante da recusa desses governos de participar e se defender, Linda lembra bem as palavras de Lelio: "Eles nos ignoram e nós faremos mais barulho".

"Os governos desses países haviam sido anteriormente avisados sobre a iniciativa e convidados a enviar ao Tribunal um representante para os defender. Só respondeu o chefe da junta militar chilena Pinochet, escrevendo no jornal francês Le Monde que não se dignava a levar em consideração um Tribunal formado exclusivamente por gente de esquerda, por "comunistas internacionais". Lelio Basso replicou fazendo publicar, sempre no Le Monde, o nome dos 25 membros do júri e a qualificação ideológica e profissional de cada um deles (desde teólogos católicos e protestantes a liberais americanos, a escritores latino-americanos, a quatro, somente 4, comunistas militantes)"[71].

Linda se ocupou pessoalmente da preparação daquela sessão e com ela, atrás dos bastidores, todas as companheiras da Comunidade, primeira entre

[71] L. Bimbi, entrevista concedida a Il Buratto, abril-maio 1976.

todas Ruth, que há pouco tempo havia sido incluída na secretaria da equipe de Basso. Tratava-se de colocar diante do júri testemunhos dos direitos violados. De repente as páginas de sua história se reabriram em busca de contatos, de velhos amigos, de documentos e provas que pudessem garantir justiça a uma história comum e dar o sentido histórico, político e de fé às escolhas feitas poucos anos antes.

"Dedicamos a primeira sessão à denúncia das violações dos direitos humanos e portanto houve os testemunhos dos sobreviventes e exilados das ditaduras que fui procurar nas várias capitais da Europa. De fato, no Brasil, num certo momento, teve início o período das trocas: guerrilheiros – muitos dos quais eram jovens que frequentavam a universidade – sequestraram o embaixador americano e o cônsul japonês, pedindo em troca a libertação de um certo número de prisioneiros, que depois se transferiram para a Europa. Eu andei pela Europa e também pela África em busca deles. Muitos deles eu já conhecia, eram meus amigos, mas em grande parte essa preparação do tribunal foi uma viagem às cegas: sabia que um deles estava em Berlim, por exemplo, eu tinha uma lista de pessoas, mas sabia-se lá... Claro, eu não tinha os números dos seus telefones e alguns não encontrei".

"Neles encontrei uma mistura de medo e de acolhimento, mas devo dizer que todos os que encontrei vieram depois ao Tribunal: eu contava o projeto de

Basso e o que queríamos fazer em nível internacional e depois perguntava se queriam participar".

"Pedíamos a eles que contassem suas histórias e muitos não me disseram imediatamente sim... Disseram que iam pensar. Os que vieram chegaram bem preparados e com todos os meios possíveis. Eram encontros muito penosos, porque se sentiam perdidos nessas capitais da Europa, sem contatos, a não ser muito superficiais e muitos sofriam porque não conseguiam enxergar seu futuro".

"Essas andanças pela Europa foram uma empresa, certamente a etapa mais pesada da organização do Tribunal: eram pessoas muitas vezes frustradas que tentavam esconder-se e nós queríamos fazer com que viessem às sessões... Sem considerar o problema dos documentos para a viagem. Além disso, para mim significava reviver a história deles que era minha própria história: eu também havia fugido porque queriam pegar-me".

"Era muito emocionante para mim, porque muitas vezes quem tomava a palavra no Tribunal eu o havia visto durante os anos da ditadura".

Muitos contaram a própria experiência naquela sala do CNR repleta de jornalistas e ali Linda encontrou muitos daqueles jovens com os quais havia compartilhado, no papel de educadora, aspirações de liberdade e fermentos revolucionários.

"Muitas testemunhas eram jovens militantes: depois que o Partido Comunista Brasileiro havia se desfeito, haviam-se formado muitos grupos de oposição à ditadura e os jovens que vinham testemunhar pertenciam a esses grupos com as mais diversas denominações e matrizes. Lembro, e creio que isso nunca o esquecerei, que na Suécia havia uma jovem que encontrei quando de minha busca pela Europa. Prometeu-me que viria e afinal essa criatura veio com os meios que lhe foram possíveis... Não tinha dinheiro e chegou num estado lamentável, a ponto que tivemos de tratá-la um pouco, mas foi uma testemunha extraordinária. Havia sofrido muitas violências quando era prisioneira... Ela, como muitos daqueles que eu havia encontrado, fazia parte do grupo que havia sido libertado em troca do embaixador americano.

Entre as tantas testemunhas das torturas, houve uma, e ainda existe, Tullo Vigevani, professor univesitário em São Paulo e que compartilhava das aspirações da juventude: não aceitava o sistema militar autoritário e foi preso junto com a esposa. Era de origem italiana mas tinha a cidadania brasileira. Sua mulher estava grávida e foi torturada em sua presença. Foi uma experiência muito pesada e também seu testemunho o foi, mesmo tendo sido um testemunho muito tranquilo. Depois da anistia voltaram para o Brasil e o reencontrei numa das viagens que depois fiz... Tullo não se tornou um homem rancoroso, permaneceu sereno e também quando o revi não havia marcas de vingança nele.

O júri escutava as histórias, depois se reunia e todos juntos discutíamos aquilo que as testemunhas haviam dito, se eram necessárias ou não mais provas, se se podia ou não usar esses elementos. O Júri escutava, fazia muitas perguntas e chegamos à formulação final da primeira sentença bastante certos daquilo que se afirmava".

A sessão de Roma foi concluída com a condenação dos governos do Chile, Brasil, Bolívia e Uruguai, culpados de violar sistematicamente os direitos humanos, e com a razoável suspeita de que por trás das ditaduras latino-americanas houvesse um plano muito mais amplo[72]. Nas duas sessões sucessivas, de 1975 e de 1976, decidiu-se, portanto, buscar as dinâmicas subentendidas e indagar as causas daquilo que parecia um sistema de governo generalizado no inteiro continente: desde a tortura ao sistema que a produz. Seguíamos, portanto, o método de trabalho advogado por Basso.

"Quando fomos indagar as causas do que ocorrera, apareceram as multinacionais: eram elas que financiavam e protegiam as ditaduras".

"Naquele momento decidimos concentrar a segunda sessão na ação das multinacionais, descoberta preciosa e terrível para aquela época. Foi então que Lelio

[72] Aquele que a História reconheceu nos anos seguintes como Plano Condor.

começou a se preocupar comigo... Através de uma pessoa do Partido Comunista Brasileiro que trabalhava na Embaixada brasileira em Roma, havíamos sabido de fato que no Brasil chegara a notícia desse Tribunal e que sabiam que eu estava nele, eu que fugira das garras do regime no último momento".

"Essa sessão realizou-se em Bruxelas e dela participou toda a família de Allende: de fato, depois do golpe de Pinochet, chegavam-nos muitíssimas denúncias do Chile".

"Dessa vez participaram numerosos estudiosos com suas pesquisas... Lelio dizia: 'Não podemos errar um milímetro, porque essas denúncias são terríveis". Foi muito interessante essa sessão porque emergiram as causas das violações. Se na primeira sessão as vítimas testemunhavam: 'Fui torturado', nessa afirmavam: 'fui torturado porque...' e então se analisavam os estudos sobre as multinacionais, sobre suas alianças e seus projetos. Houve alguns testemunhos muito fortes e essa foi sem dúvida a sessão mais importante. A Europa inteira participou e no fim as responsabilidades das multinacionais emergiram claramente... naquela época!".

Começavam a se delinear, pelos testemunhos das violações, as conexões entre os poderes políticos e os centros de poder econômico[73] (as multinacionais, os

---

[73] Sobre o papel das multinacionais, cf. o número especial de *Problemi*

bancos, as grandes companhias de seguros). Alguns lembram ainda sorrindo a chegada a Bruxelas de um jovem Sergio Poeta, colaborador de Linda a partir de então, ofegante com uma enorme mala cheia de documentos e fotos tiradas no mês anterior, na Amazônia, para testemunhar o estrago realizado, com a cumplicidade do Governo, para abrir a Transamazônica no meio da floresta. Introduzia-se assim o tema que seria enfrentado no ano seguinte, na última sessão romana do Tribunal: a nova forma de colonização que o imperialismo norte-americano, mas também europeu, queria impor no interior do continente e do qual a tortura e a violência sistemática eram apenas algumas manifestações[74].

"A terceira sessão, novamente em Roma, em 1976, quis ao contrário recolher... se eu dissesse "imperialismo"

del socialismo dedicado ao imperialismo, que saiu antes do Simpósio que ocorreu em Santiago do Chile de 17 a 23 de outubrode 1971 sobre o tema "Transición al socialismo y experiencia chilena".

[74] A estratégia de ocupação da Amazônia durante a ditadura decorreu de um complexo de fatores que não podem ser reduzidos a um só. Predominaram os fatores estratégicos e geopolíticos de longo prazo, que já se enunciavam com o fim do nacional-desenvolvimenismo. A construção de Brasília, no centro do Brasil, e a abertura da rodovia Belém-Brasília, no governo de Juscelino Kubistchek (1956-1961) já se situam no âmbito de um grande projeto de integração nacional. A modernização pressuposta no deslocamento da frente pioneira, sobretudo no período militar, acarretou grande violência sobre as populações indígenas, muitas delas não contatadas antes, e sobre as populações de de pequenos produtores rurais, deslocados pela abertura de grandes fazendas de criação de gado. Cf. José de Souza Martins, *Fronteira – A degradação do Outro nos confins do humano*, Editora Contexto, São Paulo, 2014. [Nota de J.S.M].

hoje talvez despertasse um sorriso, mas essa sessão foi realizada justamente contra a tentativa de transformar a Europa numa série de estados liberais onde imperavam as multinacionais. Foi por isso que decidimos utilizar o termo "imperialismo". Dessa sessão participaram os melhores escritores europeus e deixaram testemunhos fortes e verdadeiros. Quantos personagens conheci durante o Tribunal!

Léo Matarasso, por exemplo, era um advogado francês muito conhecido porque, quando houve a luta de libertação na Argélia, empenhou-se na defesa do povo argelino. Era brilhante e quando Lelio falava de suas intenções, vinha Matarasso e dizia: "Cuidado, aqui é melhor fazer deste jeito...". Era inteligente e também agradável como pessoa... E ainda, Louis Joinet, que nos anos sucessivos tornou-se secretário particular do Presidente Mitterand. Era um homem com uma cultura muito vasta e nos trouxe algumas testemunhas muito válidas".

A última sessão, que se realizou no Hotel Parco dei Principi, "mostrou - como conta Linda - que a concentração do capital, que caminhou *pari passu* com a interdependência entre poder político e econômico, provocou a submissão de um inteiro continente, exemplo e advertência para aquilo que poderia acontecer com outros"[75].

---

[75] L. Bimbi, entrevista concedida a Il Baratto, cit.

Essa foi a sentença que foi entregue à opinião pública, enquanto escritores, juristas, prêmios Nobel e intelectuais voltavam para casa. O apelo lançado pelo Tribunal ao Brasil, Chile, Bolívia e Uruguai para a libertação dos presos políticos e aos outros países pela suspensão de qualquer apoio militar ou econômico às autoridades golpistas, foi acolhido pela ONU, que se empenhou em fazer chegar a sentença aos respectivos governos. A sentença teve grande repercussão na Europa, mais ainda nos países latino-americanos diretamente envolvidos.

O Tribunal Russell II foi uma empresa que durou longos anos, que soube envolver personagens ilustres de fama mundial e ao mesmo tempo muita gente comum. Muitos lembram a agitação daqueles dias, em que todos se empenhavam em traduzir o pedaço que faltava de um relatório, para fazer fotocópias e preparar a documentação ou cuidar de receber os hóspedes. Enquanto isso, pelos corredores, era possível encontrar os escritores Gabriel García Marquez, Júlio Cortazar ou o premio Nobel de medicina George Wald. Respirava-se aquela atmosfera eufórica dos bastidores de uma estreia num Teatro. Há quem tem certeza de atribuir a Linda e às companheiras da Comunidade o espírito de colaboração e de festa que atenuava o cansaço e reunia todos no mesmo esforço.

De fato, Linda envolveu desde logo suas companheiras, que passaram muitas noites a enviar cartas e preparar documentos, como desde logo decidira gerir comunitariamente seu encontro com Basso, intuindo o papel que ele teria sobre sua existência e da Comunidade inteira.

"Eu nada sabia de Basso e antes do nosso encontro era um desconhecido para mim".

"Ele era um homem de grande cultura e conhecia todos os grandes intelectuais da Europa: viajar com ele foi uma experiência belíssima".

"Sabíamos que estávamos em margens opostas: o fato de que eu e Lelio trabalhássemos juntos parecia escandaloso, a ponto que diziam a minha mãe: 'Mas com quem se meteu a trabalhar sua filha?' Minha mãe me contava e então eu falava bem de Lelio e ela se acalmava".

"Eu era católica à minha maneira e encontrei nele uma profunda afinidade de ideais: ele me transmitiu muitos elementos de seu marxismo humano que eu conheci também como meus".

"Nenhum dos seus amigos era anticlerical, todos conheciam minha história e tinham um grande respeito por mim. Nunca preguei minha fé, mas Lelio sabia e até dizia: 'Sabiam que ela era um missionária?' e eu pensava: 'Oh não, como vou explicar isso?'".

"Minha vida foi difícil também do ponto de vista intelectual, até conseguir juntar os dois aspectos: conhecer Lelio e frequentar seus amigos certamente influenciou sobre o fato de me tornar leiga, no sentido de que me afastei das formas tradicionais da religiosidade e me senti livre. Naturalmente tive longas e belas discussões com Lelio sobre isso. Ele teve muita influência sobre minha vida".

Eis que de novo se sobrepõem as duas vozes que até aqui acompanharam o caminho de Linda: o empenho na realidade social e política e a dimensão de sua espiritualidade. Na juventude essas duas vozes eram tão divergentes a ponto de induzi-la à sua escolha missionária, como escolha radical e em oposição ao empenho ativo na política do imediato pós-guerra. No Brasil, ao contrário, justamente nos anos em que a violência da ditadura militar pedia um agir consciente sobre a realidade, seu modo de viver a fé encontrou o empenho político, num percurso coletivo de libertação.

Nesse percurso Linda e suas companheiras descobriram uma maneira laica de agir que, longe de qualquer estrutura ou hierarquia eclesiástica, surgia de uma profunda tomada de consciência diante da história, para compartilhar a vida cotidiana.

E é exatamente nesse terreno que Linda encontra Basso: a escolha em favor dos últimos, dos perdedores. O marxista culto e a missionária que havia recusado as hierarquias, compartilhavam a tensão ética para com os mais fracos e o ponto de vista dos oprimidos representava para os dois a perspectiva a partir da qual olhavam a história. Linda percebeu logo e ficou impressionada pela poliédrica cultura de Basso que, como ela gosta de contar, "era o único leigo que conhecia a diferença entre um "don" e um "dom"[76]. O diálogo entre os dois se tornava portanto possível graças a essa profunda afinidade cultural, mas também pela experiência de fé excepcional vivida pela Comunidade. A ausência de proselitismo, como falta de ambição de criar um grupo de eleitos, é uma das características que mais encantam ao conhecer Linda e suas companheiras, mas é também o que tornou autêntica a relação com Basso. Ainda hoje, contam alguns, pode-se falar abertamente com Linda tanto de política quanto de atualidade sem se ter a sensação de que esteja tentando impor uma mensagem de origem espiritual.

Por outro lado, a própria Linda diz sobre Basso que "a escolha dos interlocutores para ele significava prestar atenção às culturas diferentes da sua, numa relação em que ninguém tivesse a última palavra e em que ninguém se tornasse objeto. Era seu modo de investigar os fatos e entender a história[77].

"Em 1972, quando comecei a colaborar com ele, voltava de uma longa experiência vivida na América

---

[76] Ambos derivam do latim "*dominus*", mas se "don" refere-se ao tratamento reservado aos prebíteros diocesanos, "dom" é reservado aos monges beneditinos. Ou, em italiano, "don" é reservado aos padres e "dom" aos monges.

[77] L.Bimbi, "Le scelte di metodo di Lelio Basso tra rigore scientifico e militanza internazionale", in A. Mulas (org.), Lelio Basso: la ricerca dell'utopia concreta, EDUP/Fondazione Internazionale Lelio Basso, Roma, 2006.

Latina e eu era uma terceiromundista, isto é, acreditava que somente no Terceiro Mundo se realizaria o destino da humanidade. [...] Por meio de Lelio Basso aprendi a alargar minha análise e meus horizontes, a entender a trama articulada da opressão dos povos que liga o AQUI e o LÁ, a inserir-me num nível mais amplo, ousaria dizer planetário, na luta pela libertação dos povos, que já possui tamanha dimensão. Em outras palavras, a impossibilidade de dividir a trama centro-periferia não é uma teoria que aprendi, mas uma consciência que nasceu na práxis de uma convivência"[78].

A amizade com Basso e a experiência do Tribunal Russell II transformaram num novo desafio a relação entre fé e história, até então vivido por Linda e sua Comunidade de maneira cada vez mais laica e alfabetizada sobre o mundo. Esta abertura às dinâmicas internacionais, de fato, este sentido de "totalidade"[79], obrigava todas elas, através de Linda, a repensar o processo de libertação iniciado em sua experiência

[78] Da intervenção de Linda no Encontro "Para lembrar Lelio Basso", em San Marino, em fevereiro de 1981, em escritos inéditos.

[79] Sobre o conceito de "totalidade" em Lelio Basso: "Na realidade todo o pensamento de Lelio Bassso é atravessado por essa categoria de 'totalidade'. O exemplo mais típico é sua abordagem dos problemas do Terceiro Mundo, que é o setor no qual mais colaborei com ele. Estava convencido da inseparabilidade da luta do Movimento Operário Europeu e do Movimento de Libertação do terceiro Mundo. Essa relação centro-periferia é fundamental para entender seu pensamento e seu modo de agir." (Ibidem).

brasileira, motivando-as a agir cada vez mais numa perspectiva global.

Assim aconteceu nos anos vindouros, quando ela se viu levando adiante a herança de Basso: a capacidade deste de ver as conexões existentes e possíveis entre os acontecimentos traduzia-se, no entanto, também na necessidade da continuidade do próprio trabalho, em ver nele sempre ulteriores desenvolvimentos. Antes mesmo que as sessões do Tribunal Russell II terminassem, Lelio Basso já tinha em mente como levar adiante a experiência em favor dos direitos dos povos.

"Lelio nunca estava satisfeito com o presente e por isso às vezes era incômodo. Sua tendência a se projetar no futuro antecipava quase ansiosamente as etapas sucessivas, muitas vezes com nossa desaprovação, enquanto colaboradores. Enquanto imerso numa iniciativa, estava sempre na tensão de descobrir se ela não continha o embrião de uma nova criatura. Isso podia criar impaciência: enquanto estávamos envolvidos com uma tarefa precisa, ele nos fazia sentir os limites dela. Mas não havia perigo, com ele, de se acomodar num sucesso; denunciava sua insuficiência e incitava a superá-lo. Isso eu o senti particularmente de 1974 a 1976, durante o Tribunal Russell II, quando o via preocupado pela não completude da obra, embora gigantesca, que havia sido realizada; mas se não tivesse sido sua perene inquietação intelectual, o Direito dos Povos não teria nascido"[80].

[80] Da intervenção de Linda à Apresentação do livro Scritti sul cristianesimo, em Roma, em fevereiro de 1985, em escritos inéditos.

7. A aurora de um novo tempo

No dia 4 de julho de 1976 foi proclamada em Argel a Declaração dos Direitos dos Povos.

"Foi uma pequena pseudoagressão aos Estados Unidos", conta Linda sorrindo. Simbolicamente, nas intenções de Basso, a Carta de Argel deveria inaugurar a época da igual dignidade entre os povos, assim como a Declaração de Independência dos Estados Unidos da América dera início à idade da democracia e dos direitos humanos, exatamente duzentos anos antes[81].

Ao final dos trabalhos do Tribunal Russell II aparecera na cena um novo sujeito de direito: o povo. Os casos, apenas analisados, de governos que evidentemente não tinham uma legítima representatividade nem no plano político nem no histórico, demonstravam a necessidade

---

[81] Na primeira parte do texto da Declaração de Independência dos Estados Unidos lê-se: "Nós acreditamos que são por si mesmas evidentes estas verdades: que todos os homens são criados iguais: que eles são dotados pelo Criador de determinados e inalienáveis direitos, que entre estes direitos estão a Vida, a Liberdade, e a busca da Felicidade; que para garantir estes direitos são instituídos entre os homens governos que tiram seus justos poderes do consenso dos governados; que toda vez que uma forma qualquer de governo tende a negar estes fins, o povo tem direito de mudá-la ou aboli-la e de instituir um novo governo fundado sobre tais princípios e organizar os poderes na forma que parecer ao povo mais apta a procurar sua Segurança e sua Felicidade".

de garantir os direitos "dos homens reais" que viviam naqueles lugares, os direitos dos povos, portanto[82].

Linda lembra aquele jantar num restaurante romano em janeiro de 1976, quando, no final da terceira sessão, os jurados brindaram à criação de um organismo permanente que se encarregasse de maneira continuada de vigiar sobre a violação desses direitos, cada um empenhando-se em buscar apoio para essa tarefa nos seus próprios países. "Basso estava indeciso - lembra Bimbi - entre um Tribunal, uma Fundação, uma Liga... Porém, antes de decidir o que seria feito concretamente, pensou que o organismo que representaria essa continuidade, deveria ter um estatuto, um ponto de referência"[83]. Nos meses sucessivos foram criadas duas instituições distintas: uma Liga internacional e uma Fundação internacional[84], com o mesmo nome; a primeira como organismo de massa capaz de envolver e sensibilizar a opinião pública, enquanto a segunda estaria mais empenhada na pesquisa científica. Assim nasceu, como primeiro ato desses organismos

[82] Do discurso de Lelio Basso na introdução ao volume G. Tognoni (org.), *Fondazione Internazionale Lelio Basso per il Diritto e la Liberazione dei Popoli, Tribunale Permanente dei Popoli: le sentenze 1979-1991*, Nuova Cultura Editrice e Giorgio Bertani Editore, Verona, 1992, p. 24.

[83] *Dal nostro inviato speciale alla periferia del mondo*, Intervista com Linda Bimbi, Secretária da Fundação Internacional para o Direito e a Libertação dos Povos, em escritos inéditos.

[84] A Fundação Internacional para os Direitos e a Libertação dos povos, da qual Linda foi desde logo Secretária Geral, constituiu aquela que depois foi chamada Secção Internacional da Fundação Lelio e Lisli Basso.

permanentes, a Declaração Universal dos Direitos dos Povos. Ela parte da convicção de que "o respeito efetivo dos direitos do homem implica o respeito dos direitos dos povos", para que "todos aqueles que no mundo conduzem, às vezes com armas na mão, a grande luta pela liberdade de todos os povos encontrem nessa declaração uma confirmação da legitimidade de sua luta"[85].

"Durante as sessões do Tribunal Russell II, principalmente a segunda e a terceira, começou-se a elaborar o conceito de Direito dos Povos, mas para a compilação daquela que nós chamamos Carta de Argel, ou seja, a declaração dos Direitos dos Povos, era preciso uma oportunidade válida. Na época, o governo argelino nos hospedou de maneira muito amável e solidária: convidaram a ir a Argel os representantes de todos os movimentos de libertação que fermentavam naquele período. Durante o Tribunal havíamos conhecido Amar Bentoumi, que fora ministro da Justiça do governo argelino. Além disso Lelio defendera muito os argelinos em sua luta de libertação através de intervenções e conferências e mantinha contatos muito amigáveis com o governo, por isso logo que ele disse: "Gostaria de fazer a Declaração em Argel...", todos ficaram felizes! Eles organizaram tudo: viagens, estadia... a ponto de sentirmos vergonha pela sua generosidade.

---

[85] Do preâmbulo da Declaração de Argel.

"Quem escrevia eram alguns membros do júri do Tribunal e o nosso pequeno grupo... Estavam Gianni e François e os jovens argelinos: éramos um pequeno grupo internacional"[86].

"A Declaração ocorreu no esplêndido Palais des Nations: era o dia 4 de julho, meu aniversário, e fazia muito calor. Lelio leu a Declaração e a comentou. Foi um evento muito importante também para os argelinos e para todos os africanos que participaram".

Linda fala disso com simplicidade e naturalidade, depois pára um pouco e continua: "Quando acontecem coisas desse tipo e uma pessoa as vive de dentro, nem sempre se dá conta plenamente quanto é importante o que está acontecendo".

A festa celebrada diante do Mediterrâneo africano, "povoada por tantos rostos de mulheres e de homens diferentes entre si, mas que convergem na busca de uma dignidade histórica de sujeitos", pareceu a Linda como "a aurora de um novo tempo"[87].

Naqueles escaldantes dias de verão, as comissões de estudiosos e juristas discutiram os direitos das minorias,

---

[86] Do grupo faziam parte, entre outros: Giorgio Gaja e Miguel Arraes de Alencar, que fora governador deposto e cassado de Pernambuco quando do golpe militar de 1964. Foi preso político da ditadura por mais de um ano até ober um habeas corpus do Supremo Tribunal Federal e pedir asilo político na Argélia, asilo que lhe fora negado pela França.

[87] L. Bimbi, *Lettere a un amico. Cronache di liberazione al femminile plurale*, Marietti, Genova, 1990, p. 70.

o acesso aos recursos naturais, os direitos econômicos, a identidade cultural e a autodeterminação dos povos. Os especialistas trabalhavam em grupos separados e depois compartilhavam os resultados com os representantes dos movimentos de libertação ali presentes. Chegou-se à elaboração de trinta artigos, à escolha das sanções a serem aplicadas em casos de violações e à conclusão de que "o restabelecimento dos direitos fundamentais de um povo, quando são gravemente desrespeitados, é um dever que se impõe a todos os membros da comunidade internacional" (artigo 30). Também as irmãs de dois protagonistas que haviam dado a vida nas lutas de libertação sul-americana assinaram a Carta representando os respectivos países: Laura Allende e Ana Maria Guevara.

"Era a época em que o mundo estava dividido entre dominadores e dominados, mas em que os povos colonizados começavam a se rebelar. Esse foi um grande apoio que lhes demos... antes de mais nada o direito à existência".

"Não faltou - conta Linda - alguma divergência sobre as palavras a serem usadas: não era fácil escolher as expressões certas". Em particular, foi o caso da formulação do artigo 6 ("Todos os povos têm o direito de se libertar de qualquer dominação colonial ou estrangeira direta ou indireta e de qualquer regime racista") que gerou um debate aceso".

"Sobre esse 'direta ou indireta' houve uma grande discussão. Um personagem do júri deu muito trabalho nessa ocasião e era o ex-presidente de Santo Domingo, Juan Bosch, que não concordava sobre 'direta ou indireta'. Ele não queria que puséssemos 'indireta' porque de fato eram condicionados pela política estadunidense e, portanto, seria uma condenação ao seu próprio governo. Discutimos um pouco, mas afinal a inserimos".

A intervenção direta do imperialismo, pelo apoio aos regimes totalitários, de fato estivera no centro da denúncia do Tribunal Russell II e era fundamental inseri-lo na Carta de Argel. Entre as questões mais espinhosas enfrentadas pelos artigos da Declaração estavam justamente as diversas formas assumidas pelo imperialismo: cultural, econômica, tecnológica.

"A exigência de sublinhar o direito de cada povo sobre as próprias riquezas e recursos naturais nasceu quando nos ocupávamos do Chile durante o Tribunal. O Chile possuía minas de cobre sobre as quais os americanos tinham o controle, e os frutos, digamos, daqueles materiais não voltavam ao Chile: iniciou-se assim a batalha sobre os direitos econômicos dos povos. Os países da África e em parte também da Ásia são riquíssimos do ponto de vista da terra e eles mesmos não têm consciência daquilo de que são depositários. Desse modo, a Declaração queria atingir as multinacionais".

"Por outro lado, o comércio internacional é o que é: há quem come e há quem jejua, e Lelio me repetia sempre que era preciso estar do lado de quem jejua [...]".

"Também o tema do progresso científico e tecnológico era delicado, porque era um privilégio das sociedades ocidentais adiantadas. Esse povos que emergiam com sua discutível independência, queriam participar dos benefícios de que gozavam os países coloniais... esse era o problema. Tratava-se de sustentar os esforços desses países para que tivessem os instrumentos e portanto apoiar os movimentos de libertação econômica, possivelmente, se se conseguir, não violentos. E se não se conseguir... é o grande tormento que todos temos dentro de nós".

O direito à cultura, ao qual é dedicada a IV secção da Declaração, estava entre os principais objetivos de Basso que, lembra Linda, "quis que fosse muito explícito o direito à autonomia cultural de todas as etnias e ao mesmo tempo o dever de todos os povos de reunir seus patrimônios culturais como um bem comum da humanidade"[88].

"Ele fazia questão disso, e foi por isso que, depois, quando criou a Fundação, foi o que me disse, e o repetiu muitas vezes, mesmo um pouco antes de morrer, que se tratava de uma Fundação de caráter cultural e que não nos devíamos deixar levar por questões secundárias. Nunca devia faltar o aspecto cultural, e recomendava o aprofundamento da história, da geografia, das

---

[88] Da intervenção de Linda, *Scelta di campo. Metodo di lavoro di Lelio Basso*, na Festa dell'Unità, em Roma, em setembro de 1984, em escritos inéditos.

culturas antigas. 'Se não tivermos consciência das nossas origens... – dizia sempre – as novas liberdades, as novas revoluções nascem de uma consciência de identidade'. Eis porque tenho minha missão pessoal dentro da Fundação".

Linda permanecera uma educadora, e sua "missão" daqueles anos não se diferenciava muito daquela que, no Brasil, a obrigou a fugir: difundir uma cultura e uma consciência dos direitos. Essa foi sempre sua prioridade, o terreno no qual reconhecia melhor seu papel, para além das noções econômicas e jurídicas que naqueles anos tivera de aprender.

Foi a razão pela qual dedicou-se com grande empenho à organização da Conferência Internacional sobre o Imperialismo Cultural que Basso programara, sempre em Argel, para o outono do ano seguinte. Empenhou-se em buscar estudiosos e especialistas, Dorfman e Mattelart entre outros, para aprofundar a temática e mostrar as insídias às quais o capital ocidental e as multinacionais submetiam as culturas dos povos dominados.

As atividades culturais e de sensibilização da Fundação, às quais ainda hoje Linda dedica seu trabalho, iniciaram-se nesse período.

Basso que, nas lembranças de Linda, "era um profeta do futuro", nos dois anos que separam a Declaração de Argel e seu desaparecimento, continuou em ritmo intenso sua atividade político-cultural. Naquela ótica total que caracterizava sua abordagem da realidade se preocupou em lançar as pontes com o mundo árabe, com o mundo africano e com o asiático. Naqueles anos escrevia artigos nos principais jornais italianos comentando os acontecimentos dos países africanos ou dos países do Leste europeu; interessava-se pelos acontecimentos da Coreia e não deixava de lado o mundo árabe, polo de dinâmicas internacionais ainda hoje problemáticas. Tentou organizar uma conferência sobre o imperialismo tecnológico envolvendo o Iraque, rico em petróleo, e o então Ministro do Interior Saddam Hussein, mas nas lembranças de Gianni Tognoni, encarregado das negociações, o terreno se revelou difícil de penetrar e seus interlocutores "com pouca liberdade para se exprimir".

Nunca cessou seu apoio à luta do povo palestino, e sua idéia de criar no seio da Fundação um Comitê Palestina foi concretizada somente depois de sua morte, por iniciativa de Linda. "Não esqueça os palestinos" – disse-lhe Basso. Linda telefonou, então, a Vera Pegna, colaboradora de Lelio Basso desde os tempos do Tribunal Russell sobre o Vietnã e empenhada fazia anos na questão palestina. Foi ela a colocar de pé a Secção Palestina da Fundação Basso[89], reunindo as pessoas que naqueles anos se haviam ocupado dela.

---

[89] Já antes, e mais exatamente desde 1973, Basso havia instituído, no interior da Fundação internacional Lelio Basso para os direitos e a libertação dos povos, uma secção dedicada à questão palestina: o Centro de estudos árabes, com o objetivo de fazer conhecer o povo palestino através de suas manifestações e de sua cultura, para além dos estereóti-

Enquanto isso, na América Latina, os grupos da resistência estavam se organizando para uma resolução legislativa que acompanhasse a volta das democracias e "em 1978-79 – lembra Linda – a batalha pela Anistia dos brasileiros (punidos pela ditadura) foi também nossa batalha". A atenção dada aos acontecimentos latino-americanos, e brasileiros em particular, de fato, não cessou com o Tribunal: em 1978 foi criado no Brasil o Comitê Nacional pela Anistia e Basso começou a receber pedidos de apoio. Em outubro, a Liga internacional para o direito e a libertação dos povos promoveu a constituição do Comitê italiano pela Anistia, sendo Basso presidente, com o fim de apoiar a reivindicação para uma anistia geral, sem restrições, para todos os prisioneiros e perseguidos políticos brasileiros. O comitê italiano, formado por expoentes de forças políticas e grupos parlamentares, sindicatos, movimentos juvenis e associações, contribuiu para a organização da Conferência Nacional pela anistia, que se realizou em São Paulo no mês seguinte. Basso, que participou dela na qualidade de presidente do Comitê italiano, garantiu o apoio da Fundação e da Liga nessa luta.

---

pos e da emergência humanitária. Depois da morte de Basso, a Secção palestina continuou a operar até o início dos anos noventa, envolvendo uma densa rede de contatos e colaborações (associações em defesa dos direitos humanos, instituições nacionais e internacionais, intelectuais, partidos políticos e movimentos da área do Oriente Médio, embaixadas, institutos culturais e universidades). Entre os colaboradores mais assíduos desde a primeira hora, em apoio a Linda e a Vera Pegna, estavam Abdul Karim Wasin Dahmash e Biancamaria Scarcia.

Depois da morte inesperada de Lelio, em 16 de dezembro de 1978, Linda, François Rigaux e os principais colaboradores de Basso, levaram adiante o compromisso assumido e em junho do ano seguinte organizaram em Roma a "Conferência Internacional pela Anistia ampla e irrestrita e pelas liberdades democráticas no Brasil". Dela participaram vários jurados do Tribunal Russell II e todos os Comitês brasileiros ativos na Europa.

"Lelio a previu, a cultivou, a pensou, mas foi embora antes que fosse oficialmente proclamada. Tratava-se de uma lei – a lei pela Anistia – que previa a libertação de quem tivesse condenações por razões políticas. Quando fizemos a festa em Roma todos participaram, pessoas que foram importantes em minha vida e algumas personagens quase históricas da resistência. Gregório Bezerra, por exemplo, de quem acabei de ler a biografia, alguns dias atrás: estava entre os prisioneiros libertados em troca do embaixador estadunidense e depois se tornou até suplente de deputado federal"[90].

---

[90] Gregório Bezerra (1900-1983). Nascido de uma família pobre em Pernambuco, ficou órfão aos nove anos. Analfabeta até a idade de 25 anos, iniciou logo a trabalhar antes numa plantação de cana de açúcar, depois como operário. Em 1917 foi preso por ter participado de uma manifestação em apoio à Revolução Bolchevique, permaneceu no cárcere por 5 anos e uma vez libertado alistou-se no exército. Em 1930 aderiu ao Partido Comunista Brasileiro e em 1935 participou de insurreição conhecido como "Intentona Comunista". Em 1946, com o fim da ditadura de Getúlio Vargas, foi libertado e participou das eleições democráticas em Pernambuco, quando foi eleito deputado federal pelo Partido Co-

Quando da Anistia, Linda e as companheiras organizaram para a ocasião uma grande festa em sua casa no viale Trenta Aprile, "uma festa brasileira" - esclarece Linda. Numa atmosfera quente e colorida, se reencontraram os velhos amigos dos anos sul-americanos e os novos amigos do Tribunal. Entre os convidados estava o amigo Marcito, Márcio Moreira Alves, o deputado federal que, em 1968, fez um discurso na Câmara dos Deputados conclamando a população a boicotar as comemorações do Dia da Pátria, 7 de setembro, no geral marcadas por desfiles militares. Lembra Linda, o discurso "foi considerado ofensivo pelas forças armadas; nós o achamos profético e dele fizemos objeto de reflexão"[91]. Esse discurso fora o pretexto imediato do governo brasileiro para a decretação, no dia 13 de dezembro de 1968, do Ato Institucional nº 5, que ampliou a repressão política no Brasil, com a intensificação das prisões e da tortura e as cassações de mandatos e de direitos politicos, a começar do mandato do próprio Márcio Moreira Alves. Com a lei da anistia, aprovada em 1979, foram libertados os presos políticos e puderam retornar ao Brasil os

munista Brasileiro. Perderia o mandato em 1947, quando o PCB eve o registro cassado. Com o golpe de 1964, foi preso e torturado, condenado a 19 anos de prisão; foi um dos prisioneiros libertados em troca do embaixador estadunidense. Viveu no México e na União Soviética, voltando para a pátria somente depois da Anistia de 1979. Em 1982 foi suplente de deputado federal pelo Partido do Movimento Democrático Brasileiro, o partido de oposição à ditadura.

[91] L. Bimbi, Lettere a un amico. Cronache di liberazione al femminile plurale, Marietti, Genova, 1990, p.71.

perseguidos politicos que buscaram asilo em diferentes países, especialmente da Europa e das Américas.

A anistia brasileira, que resultou de diferentes movimentos de reivindicação e pressão dentro e fora do Brasil, não marcou somente o sucesso da experiência do Tribunal Russell II e daquela fórmula que soubera mobilizar a consciência das pessoas comuns, mas representou também uma ulterior etapa "libertadora" no percurso, individual e coletivo, empreendido por Linda, Maria Elena e as outras. Naquele junho de 1979, o desaparecimento de Lelio Basso era ainda recente e, para Linda e as companheiras, a elaboração daquela perda apenas começara. Essa figura masculina - uma das poucas - que penetrara tão profundamente na vida comunitária do grupo, conseguira também, como nenhuma outra pessoa, abri-lo para fora. Linda não gosta de falar disso, mas a importância de Basso em sua vida e de todo o grupo é indiscutível; por isso a sensação de que compartilhavam com ele tanto a perspectiva de onde olhar a realidade, quanto o objetivo pelo qual valesse a pena vivê-la.

"Ele me disse: 'Não interrompa, continue', e então tentei continuar. Para mim Lelio é uma fonte: não posso me referir somente a ele porque já é passado, mas era um profeta do futuro e portanto...Para a frente! Basta pensar no artigo 3 da Constituição italiana que ele formulou, no qual se diz que o Estado tem a obrigação de prover uma vida digna e decente a todos os cidadãos: é a idéia da igualdade presente nele desde o início.

"Não falo muito de Lelio porque isso me traz sofrimento, sofro pelo fato de que ele não existe mais e de que vivemos neste mundo indecifrável. Certamente hoje ele teria muitas coisas a dizer, assim como as tinha na época. Ser sua amiga, mesmo com um grau de intimidade que não era pouca coisa, era algo de que se orgulhar, e pensar que hoje é minha a última palavra na Fundação, não é fácil. Mas... enquanto dura é uma ventura!"

A configuração do chamado "sistema Basso" estava quase completo: o ISSOCO[92] havia dado origem, junto com a rica biblioteca pessoal de Basso, à Fundação Lelio e Lisli Basso, ao passo que a Liga e a Fundação internacional para o direito e a libertação dos povos constituíam os instrumentos para as atividades internacionais. Faltava somente a criação de um organismo permanente dedicado aos Direitos dos Povos para completar a arquitetura trinitária imaginada por Basso para dar continuidade à experiência do Russell II.

No dia 24 de junho de 1979, foi instituído em Bologna o Tribunal Permanente dos Povos (TPP): François Rigaux foi nomeado presidente e Gianni Tognoni secretário geral[93]. Havia-se chegado ao acordo, antes

[92] Instituto de Pesquisa para o Estudo da Sociedade Contemporânea.

[93] Atualmente o presidente do Tribunal permanente dos povos é Franco Ippolito (que sucedeu a Salvatore Senese) e na Secretaria geral trabalha, ao lado de Gianni Tognoni, Simona Fraudatario.

mesmo do desaparecimento de Basso, de não prosseguir na numeração do Tribunal Russell: escolheram "um caminho de maior autonomia", que facilitaria a organização e evitaria obstáculos consequentes a eventuais mudanças de natureza política na direção da Fundação Russell.

O discurso inaugural foi confiado às palavras de um dos mais importantes escritores latino-americanos, Júlio Cortázar, que já fora membro do júri do Tribunal Russell II. Naquele discurso que, nas lembranças de Linda, permanece "nos limites entre o realismo da história e o poético da utopia"[94], Cortázar fala da necessidade de ser ponte e canal, "através do caminho da beleza", para que as grandes enunciações formais cheguem ao ouvido dos sujeitos interessados que até então ignoravam sua existência[95].

O paradoxo que se queria evitar e que, pelo contrário, tendia a se manifestar era a distância entre o grupo de intelectuais conscientes desses direitos fundamentais a serem garantidos e "a consciência dos povos que eram os seus destinatários naturais". Por isso, como previsto

---

[94] Intervenção de Linda Bimbi no encontro da Rete Radiè Resch, Rimini - 31 de março de 1984, em inéditos privados recolhidos pela Autora, p. 183.

[95] "Podem chegar pelos caminhos da beleza, do som, da brincadeira, do grito dramático, da pintura, do gesto, de tudo aquilo que toca diretamente a sens Ibidemlidade popular e abre admiravelmente o passo ao conteúdo lógico, moral, histórico das enunciações formais": Júlio Cortázar, Discurso inaugural do Tpp, em G. Tognoni, *Tribunale Permanente dei Popoli: Le sentenze 1979-1991*, p. 29.

pelo Estatuto, o Tribunal responde aos pedidos de intervenção por parte dos atores sociais que, reunidos em grupo, denunciam a violação dos direitos que dizem respeito à coletividade à qual pertencem e que não encontraram resposta na justiça formal[96]. A sessão sobre o povo Sahrawi, em novembro de 1979, inaugurou essa experiência que ainda prossegue, após 30 anos, e que continua a representar uma iniciativa na vanguarda do Direito Internacional.

Iniciaram-se anos muito intensos para Linda, de grande frenesi – lembra – "anos de viagens, encontros, decisões a serem tomadas, sempre, em qualquer lugar". Foi naqueles primeiros anos Oitenta, quando trabalhava com Gianni Tognoni e Sérgio Poeta pelo encaminhamento da experiência do

---

[96] "O tribunal responde a um pedido de intervenção, isto é, uma rede de atores sociais envolvidos [...] nos escrevem declarando-se grupo requerente e nos explicam seu pedido de intervenção. O denominador comum dos pedidos [...] é que devem ser provados os mecanismos de impunidade, isto é, o tribunal pode intervir no momento em que todas as vítimas exauriram os percursos possíveis da justiça formal, portanto não são representados nem pelas instâncias nacionais nem pelas internacionais: no momento em que é provada a impunidade, que pode ser de natureza estrutural ou normativa (porque pode haver leis que lhes impeçam de apelar para a justiça formal) então o Tribunal intervém. Esses pedidos são sempre avaliados pela Presidência do Tribunal e pelos membros mais ativos, e depois é escolhido o júri., formada em sua maior parte por especialistas e grandes personalidades em diversos campos: jurídico, econômico, sociológico... despendendo do tema escolhemos as competências necessárias [...].Cada sessão pode ser articulada de maneira diferente: num único evento, onde se reúne o júri e se emite a sentença, ou então as sessões se articulam em processos que podem durar anos com etapas intermediárias e temáticas. [...] A

Tribunal permanente, que Linda teve a oportunidade de encontrar pessoas extraordinárias, que deixaram marcas significativas em seu percurso. As histórias dos povos em luta e de personagens empenhadas em processos de libertação, de fato, chegavam sobre a mesa de Via della Dogana Vecchia nº 5 para serem analisados e avaliados pela secretaria do Tribunal. Linda lembra as noites transcorridas a buscar informações e a estudar documentos, e os debates que se abriam sobre a legitimidade dos pedidos chegados.

Naqueles anos, Linda conheceu Rigoberta Menchú, antes que recebesse o Prêmio Nobel pela Paz (1992), e Ernesto Cardenal, que ficou em suas lembranças como "aquela pessoa maravilhosa que convidava os jovens a se rebelarem, permanecendo contudo no interior da Igreja". Apaixonou-se pelos acontecimentos do povo da Eritréia e do Afeganistão e se indignou

---

atenção é sempre global... o esforço do TPP, que era o esforço de Lelio Basso, é o de fazer entender quanta complementaridade há entre direitos humanos e direitos dos povos, e quando as coisas não podem ser separadas. A sentença cria, nos setores sociais envolvidos, , a capacidade de ler e analisar a complexidade dos casos que denunciam e que, ao contrário, geralmente são avaliados de maneira isolada: o próprio conceito do Tribunal de opinião leva a pensar que se trata principalmente de um instrumento à sensibilização exterior, e ao contrário resulta útil principalmente no interior do país requerente, inclusive para fazer pressão sobre as administrações locais. As sentenças do Tribunal permanente muitas vezes são utilizadas para submeter o caso à justiça formal. [...] Em outros casos servem para formar a consciência histórica" (Simona Fraudatario).

Cf.. também: G. Tognoni, em Linda Bimbi e G. Tognoni (orgs), *Speranze e inquetudini di ieri e di oggi. I trent'anni della Dichiarazione Universale del Diritto dei Popoli*, Edup, Roma, 2008.

diante da causa do povo da Armênia. Na escolha dos jurados, depois, teve ocasião de encontrar pessoas de vidas extraordinárias, como Ruth First ou Adolfo Pérez Esquivel e figuras de intelectuais como Eduardo Galeano, o advogado Eduardo Umaña Mendoza ou padre Javier Giraldo, todos empenhados, de modos e em países diferentes, em favor dos direitos humanos e dos povos. Muitos deles pessoalmente vitimados pela sistemática violação desses direitos.

Foi naqueles mesmos anos que Linda conheceu Marianella García Villas e que decidiu, junto com Raniero La Valle, escrever sua biografia, mas somente como testemunho e voz do povo salvadorenho, "porque o meu é um caso comum", dissera-lhe um dia Marianella.

"Na primavera de 1981, perguntei à Marianella se estava disposta a registrar o relato de sua vida. Lembro que tive essa idéia enquanto esperava o ônibus para ir a uma reunião de trabalho. O mutável clima do março romano nos concedia um momento de luz límpida, e naquela transparência olhei Marinella com outros olhos: pensei que logo iria morrer levando consigo lembranças muito fortes para serem sepultadas com ela. [...] Ela viera para a Europa para que se soubesse o que acontecia em seu pequeno e quase desconhecido país e eu era uma das correias de transmissão de sua mensagem"[97].

---

[97] "*Marianella in Salvador:chi era e perchè venne uccisa*", in *Panorama mese*, 30 de abril de 1984. Em escritos inéditos da Autora, p. 273. Cf. também de R. La Valle e L. Bimbi, *Marianella e i suoi fratelli: una sto-*

Marianella, presidente da Comissão para os Direitos Humanos de El Salvador (CDHES), fora para a Europa em 1980 pedir solidariedade para seu povo e se apresentara à Fundação Basso para pedir a intervenção do Tribunal. Em fevereiro do ano seguinte realizou-se na Cidade do México a sessão do tribunal permanente para julgar a violação dos direitos do povo salvadorenho por obra da Junta militar então no Governo; em março de 1983 Marianella García Villas foi capturada, torturada e morta.

A amizade com "a advogada dos pobres", como era conhecida Marianella, representou um outro daqueles encontros fundamentais para a vida de Linda, capazes de desviar seu percurso ou, pelo menos, de fazê-lo parar o tempo necessário para enriquecê-lo. Linda dedicou-se com paixão a escrever a vida de Marianella e, lendo hoje os artigos e os comentários que escreveu na época, é possível encontrar, atrás das palavras de humilde admiração, traços e acontecimento comuns às duas mulheres.

Nas sessões do Tribunal permanente dos povos entrelaçavam-se, portanto, histórias e fatos que aconteciam em toda parte do mundo e que encontravam,

---

ria latinoamericana, Milano, Feltrinelli, 1983; reimpresso por Edizioni ICONE-Strumenti di Pace/ CIPAX em 2007 e, ainda, A. Palini, *Marianella García Villas. "Avvocato dei poveri, difensore degli oppressi, voce dei perseguitati e degli scomparsi"*, Ave, 2014. O volume, trinta anos depois da morte de Marianella García, abre-se com o prefácio di Raniero La Valle e se fecha com a posfácio de Linda Bimbi.

na Fundação Basso como na Comunidade de Linda, lugares acolhedores para se contarem. Sim, porque Linda – como contam as companheiras – "Tinha essa tendência de levar para a Comunidade as pessoas que encontrava na Fundação, que eram, todas elas, pessoas de valor, para nos abrir uma janela sobre o mundo". As reuniões que se realizavam geralmente nos fins de semana na Comunidade e que serviam de reflexão sobre os acontecimentos dos dias passados e de reprogramação para os próximos se enriqueceram, naqueles anos, de novos testemunhos. Mas a relação entre a Fundação e a Comunidade, depois da morte de Basso, estreitaram-se a tal ponto e de maneira completamente recíproca, que muitas vezes eram as pessoas próximas à Comunidade a penetrar no mundo de Via della Dogana Vecchia nº 5. Como acontecera com todas as personalidades conhecidas por Linda no ambiente do IDOC, assim aconteceu também, por exemplo, com aquele que se tornaria Presidente do Brasil, Lula, amigo da Comunidade por meio de Frei Betto[98], e que se envolveria em seguida nos projetos da Fundação.

A sintonia perfeita que se criara entre o mundo de Linda e o de Lelio Basso e que libertara Linda do embaraço de permanecer num equilíbrio instável entre a fé cristã e o compromisso com a história, manifestava-se na relação complementar que ia se instaurando

[98] Cf. infra, p.6.

cada vez mais entre as atividades internacionais da Fundação Basso e sua Comunidade. E não somente nas pessoas que as frequentavam, mas principalmente na atmosfera, nos objetivos e no método que, em casa como no escritório, viam Linda empenhada com criatividade e entusiasmo na difusão de uma cultura dos direitos, daquela consciência histórica que lhe era cara. Num empenho, no entanto, que era sempre, inevitavelmente, um empenho coletivo e plural, compartilhado com as companheiras de vida.

"De manhã sempre escuto Radio Tre Mondo, e às onze da noite o noticiário de Radio Vaticana. Eles falam de todos esses povos, falam abertamente do que acontece, e assim acabo sabendo de muitas coisas, de situações das quais nada se sabe porque uma rádio italiana ou francesa não fala habitualmente delas... Eis porque, depois, não consigo dormir logo... Lá em casa sempre dizem que não é uma boa idéia".

8. O fascínio do futuro

Transcorrido mais de um decênio do desaparecimento de Lelio Basso, a Fundação prosseguia suas múltiplas atividades de acordo com duas diretrizes: a Fundação Nacional - empenhada na situação política e cultural italiana, com seminários, publicações e pesquisas - e a Fundação Internacional[99], guiada por Linda nos escritórios do segundo andar de Via della Dogana Vecchia nº 5. Uma separação que podia também parecer logística e formal mas, nas intenções de Basso, a criação das duas Fundações não era devida - lembra Linda - "ao capricho do acaso e dos encontros, mas a um plano de complementaridade entre o movimento operário europeu e os movimentos de libertação do Terceiro Mundo"[100]. Era uma complementaridade que mostrava as conexões e que ligava de maneira indissolúvel, como Linda entendeu cada vez mais, os processos de libertação de todos os países, do Sul e do Norte do mundo. Era aquele sentido de totalidade, aquela perspectiva internacional que se abria "como

[99] O presidente da Fundação Internacional era François Rigaux, enquanto Linda sempre desenvolveu o papel de Secretária Geral. A partir de 2005 os dois institutos se fundaram na Fundação Lelio e Lisli Basso.

[100] Da intervenção de Linda ao Encontro para recordar Lelio Basso, realizado em San Marino em fevereiro de 1981, em L. Bimbi, escritos inéditos.

uma janela sobre o mundo" e que Linda assumiu como herança na gestão cotidiana da Fundação.

"Lelio estava morto, mas eu buscava levar adiante suas intuições", conta Linda e, assim, os empenhos da Fundação Internacional e do Tribunal Permanente dos Povos prosseguiram entre os anos Oitenta e Noventa, tentando acompanhar com lucidez de análise as mudanças no cenário global.

Também as lutas de libertação dos povos, de fato, começaram a mudar de aspecto e a sessão do TPP, organizada com a contribuição de Luciana Castellina e Elmar Altvater contra as políticas do Fundo Monetário Internacional (1988) marcou o início dessa transformação. O papel dos chamados "crimes econômicos" Basso já o intuíra desde os tempos do Tribunal Russell II. Mas, agora, no banco dos imputados apareciam de maneira explícita bancos, multinacionais e indústrias, culpados, com a conivência ou a indiferença dos governos, de violar os direitos de populações inteiras. Uma violação certamente mais silenciosa que, no entanto, abria cenários de complexidade em que a violência física e direta deixava o lugar a uma violência indireta e simbólica[101].

---

[101] De acordo com a acepção elaborada nos anos Setenta por Pierre Bourdieu, entende-se por violência simbólica aquela forma de violência que não é exercitada através de uma ação física direta, mas com a imposição de uma visão do mundo, de papéis sociais, de categorias cognitivas, de estruturas mentais através dos quais é percebido e pensado o mundo por parte dos sujeitos dominantes em relação a sujeitos domi-

Naqueles anos, Linda, empenhada também em outras atividades, começou a acompanhar mais marginalmente a experiência do Tribunal, participando e colaborando somente na realização de algumas sessões, nas quais se comprometeu pessoalmente, e pelas quais, também pessoalmente, assumiu as despesas para a busca de documentação e contatos. Assim aconteceu, por exemplo, na sessão que dizia respeito aos povos indígenas da Amazônia brasileira (1990).

"O Tribunal que ainda hoje lembro com emoção é o que se realizou em Paris e que dizia respeito às populações indígenas da Amazônia. Nunca esquecerei... Participaram representações de todos os grupos indigenistas empenhados na Europa e vários representantes de grupos indígenas chegados diretamente da Amazônia. Para eles foi muito difícil adaptar-se e enfrentar situações que para nós eram de uma banal cotidianidade... Foi uma experiência muito válida também para mim".

Ou então as sessões sobre os direitos fundamentais das crianças, que ocorreram em Trento, Macerata e Nápoles em 1995 e a sessão sobre a infância brasileira (1999), realizada com Luiza Erundina de Souza e Dalmo de Abreu Dallari, grandes amigos de Linda e da Comunidade.

---

nados. Para aprofundar Cf. "La violenza simbolica", *in* Pierre Bourdieu, Risposte. *Per un' antropologia riflessiva*, Bollati Boringhieri, Torino, 1992, pp. 106-135.

As atividades da Fundação internacional, à qual Linda dedicou maior empenho naquele período, foram mais de caráter cultural e científico: pesquisas, publicações, jornadas de estudos e seminários. No centro do debate os conceitos de democracia, de solidariedade, de modelo de desenvolvimento, temáticas que emergiam durante as sessões do Tribunal permanente e para as quais a Fundação propunha aprofundamentos e análises críticas. As jornadas de estudo, para as quais eram chamados a intervir historiadores, juristas e economistas, serviam principalmente a Linda e aos seus colaboradores para ler a realidade em seu devir. Como acontecia no Colégio Helena Guerra de Belo Horizonte, de fato, a tensão pedagógica de Linda traduzia-se antes de mais nada numa tensão cognoscitiva e num percurso de aprendizado pessoal.

Em 1995, teve início o Curso de Aperfeiçoamento sobre o Direito dos Povos, ainda ativa, e pouco depois a Escola Napolitana sobre o Direito dos Povos: "E aqui estão eles de novo! – conta Linda, referindo-se aos jovens – é um pouco diferente do Brasil, mas essa atitude íntima de querer explicar os porquês nunca a perdi". Os temas tratados pelo Tribunal permanente confluíram nesses dois grandes continentes: a Escola Napolitana em particular foi uma experiência muito significativa durante uma quinzena de anos.

"A Escola Napolitana nasceu da amizade que tanto nosso presidente[102] como eu tínhamos com o advogado

[102] Refere-se a François Rigaux

Gerardo Marotta, presidente do Instituto italiano para os estudos filosóficos em Nápoles. O advogado Marotta soube do curso que organizávamos em Roma e nos propôs fazê-lo em Nápoles também. Portanto, quando chegavam as férias, nosso trabalho se transferia para lá e era muito interessante, porque era uma escola internacional. [...] Nós enviávamos o programa e os jovens de várias universidades se inscreviam. Nunca nos arrependemos dessa experiência".

Tratava-se de um curso residencial e cada ano era escolhido um tema para ser enfrentado durante as duas semanas de setembro. Por meio de bolsas de estudo dava-se a oportunidade de participar a estudantes provenientes do mundo inteiro e assim, como lembra quem foi aluno, "de chofre chegavam em Nápoles esses 15-30 jovens: o espanhol, o argentino, o africano. E para nós napolitanos que seguíamos esses discursos era como tomar um pouco de oxigênio". No Palazzo Serra di Cassano eram hospedados naqueles dias intelectuais e professores de fama mundial que há anos frequentavam a Fundação, e as aulas, na maioria em inglês, se transformavam em diálogos e experiências de aprendizado, favorecidas pelo clima internacional e por se tratar de alunos residentes.

A relação de Linda com os jovens se intensificou ulteriormente naqueles anos, mesmo porque o liame da Fundação Basso com as Universidades enchia o prédio de Via della Dogana Vecchia nº 5, naquele tempo mais que hoje de estagiários e jovens em serviço civil. No segundo andar, na Fundação Internacional, portanto, os jovens estavam sempre presentes e envolvidos nas atividades de organização e promoção dos eventos culturais. A atenção educativa de Linda e de seus colaboradores se manifestava constantemente e se traduzia no cuidado com que os jovens eram acompanhados. "Havia por parte deles – conta hoje uma dessas jovens – a intenção de nos fazer entrar nesse mundo, de difundir entre nós uma certa cultura de direitos através de uma troca contínua". O colóquio inicial com Linda, lembra ainda alguém, foi "uma experiência muito particular, atípica: eu esperava um 'o que sabe fazer?' e ela, ao contrário, perguntava 'como você vê o mundo? O que pensa disso?".

Portanto, depois de tantos anos, Linda voltou a ensinar aos jovens, ou talvez nunca deixara de fazê-lo. "Nunca os deixei", repete e, como no Colégio de Belo Horizonte ou nas aulas universitárias, os métodos e os motivos de uma pedagogia libertadora se impunham na atmosfera que se respirava e na prática das relações. Por outro lado, a amizade com Paulo Freire, "um amigo, além de um conselheiro intelectual", se intensificara desde que ambos haviam chegado à Europa: Linda traduzira logo alguns de seus livros e Freire era amiúde hospedado na Comunidade, em suas viagens a Roma.

Falar com ela significava – contam ainda – "não só descobrir capacidades e competências, mas revelar sonhos e expectativas, estados de alma e esperanças. E não raro também comentar e ler a realidade juntos".

Foi justamente o desejo de estar em contato com os jovens que levou Linda, entre 2004 e 2005, a empreender a aventura da Escola de Jornalismo que continua até hoje, com o fim de criar um liame entre as temáticas tratadas pela Fundação e o modo de comunicar e informar.

"Numa das tantas iniciativas organizadas, alguém me aconselhou a convidar o Doutor Maurizio Torrealta... 'A senhora tem o ar de uma pessoa que não desiste, verdade?', me perguntou e me disse que gostaria de criar uma Escola de Jornalismo junto com a Fundação. Demorei meses para decidir, mas afinal, também aconselhada pela minha grande amiga Maria Elena, decidi. Foi ela que me disse: 'Você sempre tratou com os jovens e sempre fez grandes coisas com eles'. Enfim, assim nasceu a Escola de jornalismo da Fundação Basso. [...] Há docentes extraordinários e também graças às amizades de Lelio e outros conhecidos no mundo do jornalismo e na RAI conheci pessoas que ainda trabalham conosco na Escola".

Naquele mesmo ano, após ter ajudado Linda na escolha de um novo percurso, Maria Elena faleceu, de manhã, na hora do café de um domingo qualquer. A amiga de sempre, a companheira de festas e de pensamentos, a outra parte do tandem, como alguém a lembra hoje, e da qual Linda diz: '"Prefiro não falar dela para não fazer celebrações".

São, aqueles, os anos em que Linda se abriu ao mundo da comunicação e das mídias, mas – explica – "fazemos jornalismo em defesa dos direitos humanos, jornalismo de investigação". Foi ela, de fato, a insistir para que o ensino das técnicas de comunicação se unissem aos módulos didáticos que pudessem ajudar os estudantes a observar o mundo, a ler os acontecimentos: é chamada de 'a academia das idéias', e se trata de aulas de história moderna, geografia política, direito internacional.

"É muito importante – explica uma das docentes[103] – que numa Escola de Jornalismo não se fale só de comunicação, mas da substância das coisas". Está aí a peculiaridade dessa experiência, plenamente inserida no espírito do 'sistema Basso', na atmosfera internacional e na prioridade dada à leitura histórica dos acontecimentos; plenamente concernente, além de tudo, à "missão" de Linda, como ela a define sorrindo, de transmitir aos jovens aquela consciência da realidade que leva a agir. "Oficialmente, eu seria a vice-diretora da Escola de Jornalismo, mas, de fato, me ocupo de acompanhar os jovens em seu aprendizado, digamos que me ocupo antes de mais nada de seu acompanhamento psíquico-pedagógico". Mesmo se a relação com eles não é de algum modo formalizada, muitos dos jovens que frequentam a Escola, sobem os degraus até o segundo andar e esperam poder encontrar Linda.

---

[103] Marina Forti.

A experiência da Escola de Jornalismo, que chegou à sua décima edição, está entre as atividades que preenchem ainda hoje os dias de Linda, entre as inevitáveis dificuldades e os desafios imprevistos: "Algumas vezes me envolvo em alguma empresa maior do que poderia e me pergunto... 'Mas por que me envolvi nisso?' Depois sempre resulta em algo bom".

Além das sessões do Tribunal Permanente dos Povos, que continua a oferecer "a possibilidade de ler a história do lado dos vencidos"[104], continuam as iniciativas culturais da Secção Internacional. Assim como os projetos de pesquisa que seguem as linhas traçadas por Lelio Basso e percorridas com criatividade pelo grupo de colaboradores que ele mesmo reunira. Linda tece hoje os fios das relações instauradas no tempo, com a América Latina, principalmente.

Em colaboração com o Ministério da Justiça do governo brasileiro[105], por exemplo, foi há pouco digitalizado o arquivo histórico do Tribunal Russell II e foi transferido para o Memorial da Anistia em Belo Horizonte. Igualmente procede-se com o arquivo sobre El Salvador: a ligação com Marianella Garcia Villas cultivada por Linda, de fato, está permitindo a organização dos arquivos com o material inerente aos

[104] Da intervenção de Linda nas jornadas de estudo sobre Pace e Diritto dei popoli, realizado em Perúgia em dezembro de 1986.

[105] Especificamente na pessoa de Paulo Abrão Junior, Secretário nacional da Justiça e Presidente da Comissão de anistia do Ministério da Justiça.

anos da guerra civil (1980-1992) e a reconstrução de uma memória histórica para o País. Além disso, prossegue a atenção com o mundo árabe, a questão palestina em particular, além do interesse com o mundo africano. Entre os projetos mais recentes há, por exemplo, o caso de Cabo Verde sobre o turismo sustentável, através do contato de Linda com Pedro Pires[106], presidente do arquipélago africano até 2011.

Além disso, nunca faltam aprofundamentos sobre os acontecimentos da atualidade, internacionais ou não.

Muitas das temáticas que estão no centro da reflexão em devir da Fundação Basso, da democracia à imigração, à máfia ou aos bens comuns; uma Fundação que – como escrevia Linda em 1986 – nasce como "um grande projeto de pesquisa", cuja originalidade está nos fato de que "não tem como objeto os povos mas é concebido a partir da história dos povos". Portanto, "se afasta dos objetivos acadêmicos que são em última instância o acúmulo do saber e se orienta em direção aos esforços que os povos e os grupos humanos fazem para se libertar, para estar bem, para serem felizes"[107].

Em casa, como em Via della Dogana Vecchia nº 5, Linda e as companheiras da Comunidade continuam

---

[106] Pedro Pires (1934), nos anos Setenta entre os colaboradores de Amílcar Cabral na luta de libertação do País.

[107] Da intervenção de Linda no Decênio da declaração de Argel, em Prospettive della Fondazione, Atenas, novembro de 1986.

a convidar pessoas que levem testemunhos do próprio trabalho e da própria vida, velhos e novos amigos que ajudem na leitura daquelas dinâmicas que, hoje, tendem, em formas diferentes de ontem, a oprimir povos e pessoas. "São batalhas que podem ser feitas, mesmo com nossa pequena contribuição, mas não podem ser ignoradas".

Sua "capacidade de indignar-se" – como alguém a define – prossegue *pari passu* com a esperança na mudança que Linda demonstra diariamente, porque sua indignação não congela a ação na raiva, mas é uma indignação que aumenta de paixão e criatividade e se torna motor do seu agir. É, aliás, sua fé na história e na justiça social, assim como "num mundo que existe por amor"; uma fé que consiste "em descobrir cada dia a direção do vento".

Há os jovens que, hoje como então, e de um modo que Linda não sabe explicar, a ajudam a recompor continuamente sua síntese, a encontrar um equilíbrio entre aquelas duas vozes para as quais parece não haver mais nenhum sentido entender qual das duas prevalece e por quê.

Então, ao trazer o relato para o presente, os acontecimentos desses últimos vinte anos escorrem mais rapidamente, privados que são daquela distância temporal que ajuda a narração e cria a memória. Aquela distância que permitiu, nas páginas anteriores, evocar momentos significativos da vida de Linda através de encontros fundamentais e que agora, ao contrário, parece dar menor substância narrativa ao arco temporal de vinte anos. A importância dos acontecimentos, de fato, parece deixar o lugar a uma aspiração, a uma tensão para a frente que carrega Linda para um tempo indefinido em que o presente, povoado de jovens, se torna futuro.

E o pensamento de quem escreve volta necessariamente à página inicial deste livro, ao encontro e ao intercâmbio narrativo que foi realizado e à relação pedagógica que sempre esteve na sua base e que somente agora, nessas palavras finais, parece manifestar-se em seu implícito pedido.

"Se eu voltasse atrás? Sinto vergonha em dizê-lo, mas seria educadora... Gosto de estar entre os jovens... são pessoas que se preparam, que olham para o futuro. É o futuro que me encanta, mesmo nesta idade, sempre penso no depois... É o fascínio do futuro".

II. Referências

1. Comunidade

É necessário começar sempre de novo,
fazendo não coisas novas,
mas novas todas as coisas...
(Maria Elena)

De acordo com Linda, a Comunidade é o tipo de família que deveria existir um pouco em todo lugar:

> Trabalhamos todas e colocamos em comum o resultado do trabalho de cada uma. Dividimos entre nós as tarefas, além das laborais, as domésticas e prestamos muita atenção no tipo de leitura que fazemos: quando há alguma coisa especialmente interessante, a discutimos juntas. Depois damos muita importância à relação com as pessoas com as quais trabalhamos, em que evidentemente o objetivo mais importante não é o que ganhamos. Mesmo que depois obviamente vivamos dos proventos de cada uma de nós, porém podemos dizer que estamos abertas, na medida do possível, ao apoio e compartilhamento com os amigos. A vida é feita de uma semana de trabalho e à noite, no jantar, contamos entre nós o que aconteceu durante o dia, quem conhecemos, quais problemas enfrentamos, quais dificuldades temos. Em casa temos umas varandas ao ar livre que nos permitem desfrutar de um pouco de frescor e discutir algumas coisas entre nós mesmos,

> mas não muito importantes. Temos muito cuidado com o compartilhamento e a transparência. É assim desde que nos constituímos como comunidade no Brasil [...]. Sábado e domingo, geralmente, alguns amigos vêm nos visitar. O sábado, o dedicamos ao relax, às caminhadas, enquanto que o domingo coletamos as experiências feitas nos dias anteriores e programamos o que faremos na semana seguinte. Poderiam parecer como regras, mas é só um costume.

Desde quando chegaram na Itália, em 1976, elas mudaram várias vezes de casas e de bairros romanos, uma vez que não é simples encontrar casas suficientemente grandes e que tenham pelo menos um grande salão comum e um quarto para ser dedicado à oração, em que celebram a assembleia eucarística sem a figura do padre.

Foi assim desde o começo do percurso de secularização, quando, relembra uma delas "deixamos também as estruturas religiosas [...] e começamos a celebrar o Ágape entre nós". "E esta – admite Linda – foi a coisa mais difícil de explicar, especialmente no ambiente católico". Sobretudo quando uma parte delas se transferiu para trabalhar em Assis, cidade pequena em comparação com Roma, onde o grupo de mulheres chamou muita atenção[108].

[108] A Comunidade, reunida na Itália em 1973, dividiu-se desde o princípio em dois grupos (cerca de quinze por grupo): um em Roma e o outro na Úmbria. Por muito tempo viveram em Assis, mas após o terremoto de 1997 se mudaram para Bastia Umbra.

> "Era difícil – contam – conceber um grupo de mulheres cristãs, que viviam em comunidade sem enquadrá-las como freiras... no começo havia muita curiosidade e desconfiança. Quando chegamos em Assis, o Bispo mandou um padre para ver quem éramos, porque um grupo de mulheres que chegam ali, sem pedir a bênção do bispo... quem são? E ele queria saber qual era o nosso carisma e Betta respondeu: "Uma costura, a outra prepara bem o almoço, a outra limpa a casa ... isto é o que fazemos", e ele foi embora"[109].

"Freiras não, mas irmãs sim! intervém uma delas – é como um bonito mosaico em que, aos poucos, cada uma encontra o seu lugar sem que ninguém o tenha decidido".

Contudo, Linda e Lelena, como é carinhosamente chamada Maria Elena, sempre mantiveram um importante papel de coordenação na Comunidade, de acordo com as companheiras e os amigos que conheceram o grupo de mulheres ao longo dos anos. Se alguém pudesse vislumbrar uma herança de antigos papéis institucionais, para as companheiras é inevitável e espontâneo o processo de liderança, devido às experiências prévias, à idade. De qualquer maneira, a complementariedade das duas personalidades é evidente:

---

[109] Voz da Comunidade.

"Cada grupo tem as suas lideranças e nós sempre reconhecemos a delas: uma liderança espiritual, cultural. Se não estivessem elas duas não sei se teríamos feito todo este caminho, sobretudo porque Maria Elena era a idade, a experiência, a forte espiritualidade, a forte personalidade... eu acredito que sempre foi reconhecida por nós essa liderança, sem que uma ou outra quisesse ser a habitual Superiora. Nunca a questionamos e foi algo espontâneo"[110].

"Tem um clima entre nós pelo qual tendemos a reconhecer as características umas das outras, as coisas que aquela pessoa pode dar à Comunidade... Nós reconhecíamos nelas, e ainda reconhecemos, estas capacidades. Duas pessoas com grande espiritualidade, mas com características muito diferentes uma da outra: Linda dava sempre uma abertura para o mundo, enquanto que Lelena despertava uma grande fé... ela tinha aquelas intuições espirituais de tal forma que acontecia de ler muito tempo depois coisas que ela já havia dito antes. Mas esta capacidade elas nunca a impuseram, nem a usaram para impor as coisas. A grandeza delas foi a de costurar o grupo e estar no meio sem nunca estar acima dele"[111].

Alguém fala de Maria Elena e de Linda como de um tandem: muitos lembram a primeira "mais prática e organizadora", enquanto a segunda "mais reflexiva" e de como as duas amigas, com duas

[110] Voz da Comunidade.

[111] Voz da Comunidade.

personalidades profundamente diferentes, "se integrassem perfeitamente".

"A Comunidade é um mundo em que é preciso entrar", alegam em muitos e, uma vez dentro, o que chamava a atenção sempre foi "antes de tudo o clima internacional... havia a austríaca, a libanesa, a iraniana e obviamente as brasileiras... porém havia brasileiras brancas, brasileiras negras e poucas italianas". A Comunidade é também um mundo em que a vida flui com um próprio ritmo, "um ritmo que é dos dias, dos domingos, das festas e é um ritmo coletivo explica quem a frequenta há muitos anos – por muito tempo você é um convidado, no sentido mais festivo do termo".

O convite dominical permanece por muitos o mais apreciado:

> "Havia esta espécie de celebração muito singular, sobretudo porque reproduzia modalidades absolutamente latino-americanas na gestualidade e nos rituais. [...] Essa não era feita com as hóstias, mas com pães extraordinários que cozinhavam elas mesmas e com uma bebida, que às vezes podia ser vinho, às vezes não".

O sentido da festa sempre foi muito importante para elas e cada celebração, desde o Ágape semanal às principais festividades, nunca faltaram preces e gestualidades personalizadas e originais ricas de símbolos: Maria Elena nisto mostrava grande criatividade e, como lembra alguma delas hoje, "fazia coisas inesperadas muito divertidas":

> "A prece litúrgica é construída dia a dia pela comunidade, porque brota da vida, vem e é elaborada com a contribuição de textos bíblicos e das distintas religiões, textos laicos, testemunhos dos mártires, dos homens, das mulheres de fé do nosso tempo. É expressa com cantos, ritmos, poesias, símbolos e gestos, que mudam de acordo com o tema escolhido"[112].

A confrontação constante com a realidade, na sua dimensão mutável, pertence ao modo de viver e de ser de todas elas e testemunha o compromisso de "querer ser no mundo", de querer praticar na realidade cotidiana percursos comuns de libertação.

Por esse motivo, a provisoriedade é uma das principais características do estilo de vida comunitário escolhido e das formas que assume, desde os rituais, aos símbolos, às regras. "Não temos coisas definidas, regras que perduram no tempo – contam: a vida comunitária muda de acordo com a situação do grupo" e, contudo, como acrescenta uma delas "também o mundo mudou ... nós nos confrontamos com o mundo, nos preocupamos em estar dentro dessa mudança e ir em direção a algo". A confrontação com a realidade

---

[112] Daniela e Letizia, "Un lungo cammino alla ricerca della liberazione", in Servitium. Quaderni di spiritualità, ano 1986, n. 47, serie III, Marietti, p. 84.

se realiza desde sempre através dos testemunhos, dos momentos de reflexão sobre as experiências vividas e sobre as futuras, em que convidam amigos e conhecidos a contar a própria história e em que elas – lembra quem frequentemente foi hóspede da Comunidade "escutam, mais que falam, como de costume". "Me perguntaram das minhas viagens, do meu trabalho – conta quem foi convidado a "testemunhar" - e eu falei por muito tempo, depois no almoço comecei a descobrir a história delas e pensei... o que tem de interessante a minha história em comparação com a delas?"

Com o passar do tempo, justamente para enfrentar as transformações, inclusive as internas da Comunidade, narram hoje as mulheres "mudamos as modalidades dos nossos encontros anuais ... antes fazíamos uma semana em um bonito lugar, mas agora há quem não pode mais fazê-lo e então convidamos as pessoas durante o ano inteiro para conversar e nos confrontarmos com elas"[113].

Também os símbolos escolhidos por elas nas celebrações e para as preces, que marcam o ritmo da vida em comum, nascem desse diálogo constante, assim como a escolha do trabalho ao qual sempre deram prioridade.

> "Todas trabalhamos. Para viver, para testemunhar, para participar com o nosso compromisso com a libertação

[113] Voz da Comunidade.

comum [...]. Em todo lugar em que há tensões dialéticas de libertação, ali tentamos estar presentes. Acreditamos que o importante é estar atentas às coisas que crescem a partir de baixo, onde realmente se constrói a história"[114].

"Na escolha dos trabalhos – acrescenta Linda – estabelecemos como prioridade as pessoas menos afortunadas, digamos: muitas de nós trabalhamos em cooperativas com salários bastante modestos, porém conseguimos andar para a frente. Eu sou uma exceção neste escritório tão bonito, mas me ocupo sempre dos direitos que não foram respeitados. Em todos os nossos trabalhos sempre tivemos a preocupação de fazer prevalecer o respeito à dignidade humana, desde o trabalho com as crianças, com as pessoas com deficiência, com os idosos, à participação em tudo que diz respeito ao humano".

---

[114] Ibidem.

2. Cronologia

<table>
<tr><th colspan="2">Anos</th><th>História de Linda</th><th>Eventos históricos</th></tr>
<tr><td>Anos Vinte</td><td>1925</td><td>Linda Bimbi nasce em Lucca, Itália, no dia 4 de julho</td><td>Em 3 de janeiro, com um discurso na Câmara, Benito Mussolini assume a responsabilidade política do assassinato de Matteotti. Na Itália, o regime fascista é instaurado.</td></tr>
<tr><td>Anos Trinta</td><td>1939</td><td rowspan="2">Linda frequenta o Liceu Clássico Machiavelli de Lucca</td><td>Irrompe a Segunda Guerra Mundial.</td></tr>
<tr><td rowspan="2">Anos Quarenta</td><td>1944</td><td>11 de agosto de 1944: matança de Sant'Anna di Stazzema (LUCCA) pelos nazistas.

5 de setembro de 1944 Lucca é liberada pelos aliados.</td></tr>
<tr><td>1945</td><td>Inscreve-se na Faculdade de Letras e Filosofia na Universidade de Pisa e se gradua em Glotologia.</td><td>1946: nas primeiras eleições democráticas na cidade de Lucca, a Democracia Cristã ganha com 54,8 por cento dos votos. A DC dominará a cena política de Lucca até os anos Oitenta.</td></tr>
<tr><td rowspan="2">Anos Cinquenta</td><td>1950
1951</td><td>Linda começa a ensinar latim e grego em um prestigioso Colégio de Lucca gerenciado pela Congregação das Oblate dello Spirito Santo.</td><td></td></tr>
<tr><td>1952</td><td>Linda decide ir para o Brasil e começa o seu período de noviciado em Santo André (SP): faz seus votos e muda o nome para Irmã Raffaela.</td><td></td></tr>
</table>

	1954	Muda para Cássia: ensina e dirige uma escola feminina.	Suicídio de Getúlio Vargas. Sai da cena política brasileira, depois de ter guiado o país, mesmo de modo descontínuo, desde 1930. Em 1955, Juscelino Kubitschek é eleito presidente e se abre, a época do chamado "desenvolvimentismo", no centro de desenvolvimento do país estava o progresso técnico- industrial. Paraguai: instaura-se o regime ditatorial de Alfredo Stroessner, apoiado pelos Estados Unidos e destinado a durar até 1987.
	1959	Linda muda para Belo Horizonte: começa a dirigir o Colégio *Helena Guerra* para as filhas da elite da cidade.	
Anos Sessenta	1961 1962	A Congregação abre um novo Colégio em Eldorado, na zona industrial de Belo Horizonte para as famílias carentes. Linda e Maria Elena guiam o grupo brasileiro da Congregação.	Em 1961, assume o poder João Goulart, vice-presidente da República, em decorrência da renúncia do presidente Jânio Quadros. Em 11 de outubro de 1962, abre-se o Concílio Vaticano II convocado pelo Papa João XXIII para repensar a identidade e a missão da Igreja. As sessões conciliares estendem-se até 1965, sob o pontificado de Paolo VI. 1962: Paulo Freire começa a experimentação do seu método de alfabetização de adultos.

	1964		1964: ano do golpe militar no Brasil. Humberto de Alencar Castelo Branco é o primeiro general a tornar-se presidente do regime de exceção. Até 1984, se sucederão outros quatro generais (Artur da Costa e Silva, Emilio Garrastazu Médici, Ernesto Geisel, João Baptista de Oliveira Figueiredo). 1964: o golpe militar na Bolívia inaugura uma sucessão de golpes de estado, que terá fim somente com as eleições democráticas de 1982.
	1966 1967	Linda e Maria Elena vão pela primeira vez a Macapá, na Amazônia. Em seguida, e até 1973, uma parte do grupo se muda para trabalhar nas escolas públicas. Por um convênio com Colégio protestante *Isabela Hendrix,* Linda faz palestras sobre consciência histórica. Linda e as companheiras propõem uma reforma do Colégio. A equipe dos docentes se reúne e redige um documento: *Educar para o compromisso com a história.* A tentativa é democratizar o Colégio através de bolsas de estudos para os estudantes mais pobres. O experimento fracassou.	1966: celebra-se o Tribunal Russell sobre o Vietnã, uma iniciativa de Lorde Bertrand Russell. Lelio Basso está ente os membros do júri. Em 1967, Paulo Freire publica seu primeiro livro *A educação como prática de liberdade.*

	1968	1968: Linda, aprovada em concurso, começa a ensinar na Universidade Federal de Minas Gerais, em Belo Horizonte. No interior da missão brasileira da Congregação, às reformas pedagógicas se acrescentam as reflexões de caráter litúrgico e espiritual que colocam em discussão o trabalho delas. No mês de julho, Linda, Maria Elena e as companheiras estão em Assembleia permanente em preparação para o Capítulo Geral de outubro: querem apresentar propostas de reforma à Congregação. Em outubro, suas propostas são rejeitadas. No grupo, amadurece a decisão de se separar da Congregação e renunciar aos votos. Os exponentes da União Nacional dos Estudantes (UNE), hospedados poucos meses antes em Eldorado para uma reunião preparatória do grande Congresso de Ibiúna, são presos, e, sob tortura, denunciam a cumplicidade da Comunidade.	No Brasil, os protestos políticos aumentam, enquanto que endurece o regime ditatorial: em dezembro, vem anunciado o Ato Institucional n. 5, em que os cidadãos perdem qualquer liberdade civil e pessoal além de política. 26 agosto - 7 setembro: realização da Conferência do Conselho Episcopal Latino-americano (CELAM) em Medellín, Colômbia. Na Conferência de Medellín se estabelece, convencionalmente, o nascimento da Teologia da Libertação. 13 de outubro: se realiza o Congresso da União Nacional dos Estudantes em Ibiúna (São Paulo).
	1969	No dia 13 maio, Linda é obrigada a fugir: a polícia pretende prendê-la pelo apoio dado aos grupos de estudantes. Chega em Roma junto com Maria Elena.	4 de setembro de 1969: no Brasil é sequestrado o embaixador dos EUA, Charles Burke Elbrick. Em troca da sua libertação, foram soltos e banidos do Brasil quinze presos políticos.

		Linda muda para Lovaina, na Bélgica, onde ensina Filologia portuguesa e Literatura brasileira na Universidade. Algumas de suas companheiras, vindas do Brasil, se juntam a ela.	Na Itália, prosseguem os protestos estudantis e sindicais. Em 12 de dezembro, ocorre a matança de *Piazza Fontana* em Milão: na Itália começa a dominar a "estratégia da tensão".
Anos Setenta	1971	Linda decide voltar para Roma e encontra trabalho no IDOC. Começa o êxodo de toda a comunidade: cerca 40 mulheres decidem mudar-se para a Europa. Linda publica o livro *Dai sotterranei della storia* (Mondadori).	
	1972	Na *Corsia dei Servi di Milano*, no mês de janeiro, é apresentado o livro e Linda encontra Lelio Basso, convidado do evento. Basso pede a Linda para cooperar com ele na realização de um Tribunal Russell sobre os crimes das ditaduras na América Latina.	Equador: através de um golpe de estado, o general Rodriguez Lara instaura uma ditadura militar que perdurará até 1979.
	1973	Linda deixa seu trabalho no IDOC e começa a trabalhar com Basso em *Via della Dogana Vecchia, nº 5.* No mês de novembro, é instituído em Bruxelas o Tribunal Russell II para julgar a repressão no Brasil, Chile e América Latina.	27 junho: golpe de estado no Uruguai. 11 setembro: Golpe no Chile. A junta militar encabeçada por Augusto Pinochet derruba o governo socialista de Salvador Allende.
	1974	Roma 30 março - 5 abril: primeira sessão.	

	1975	Bruxelas 11-18 janeiro: segunda sessão.	30 abril, com a queda de Saigon, se declara o fim da Guerra no Vietnã.
	1976	Roma 10-18 janeiro: terceira sessão. 4 de julho é proclamada a Declaração dos Direitos dos Povos, em Argel.	Argentina: 24 março - um golpe militar destitui o governo de Maria Estela Martinez de Perón. A ditadura militar terminará somente em 1983.
	1977	Conferência sobre o imperialismo cultural em Argel.	
	1978	Nasce no Brasil o Comitê Nacional pela a Anistia. Basso promove o nascimento do Comitê italiano, de que ele mesmo será o presidente. Em novembro, se realiza a Conferência Nacional para a Anistia em São Paulo. 16 de dezembro, Lelio Basso, morre subitamente.	
	1979	Roma, junho: a Fundação Basso organiza a Conferência Internacional para a Anistia ampla e irrestrita e para as liberdades democráticas no Brasil. 24 junho: em Bolonha é instituído o Tribunal permanente dos povos (TPP): François Rigaux é proclamado presidente. 10-11 novembro: se realiza em Bruxelas a primeira sessão do TPP sobre o Saara Ocidental.	31 outubro: é aprovada no Brasil a Lei de Anistia.

<table>
<tr><td rowspan="3">Anos Oitenta</td><td>1981</td><td>Em fevereiro se realiza no México a sessão do TPP sobre El Salvador: Linda conhece Marianella Garcia Villas, a quem, na primavera, pedirá para escrever a sua vida.</td><td rowspan="3">1980- 1992: guerra civil em El Salvador.
1989: queda do muro de Berlim.</td></tr>
<tr><td>1983</td><td>É publicado o livro Marianella e os seus irmãos: uma história latino-americana, escrito por Linda junto com Raniero La Valle. Marianella seria assassinada poucos meses depois.</td></tr>
<tr><td>1988</td><td>Realiza-se em Berlim a primeira sessão do TPP sobre temáticas econômicas: as políticas do FMI e do Banco Mundial.</td></tr>
<tr><td rowspan="2">Anos Noventa</td><td>1995</td><td>Começa o Curso de aperfeiçoamento sobre os Direitos dos povos.</td><td></td></tr>
<tr><td>1996</td><td>Começa a Escola Napolitana sobre os Direitos dos povos, que durou uns quinze anos.</td><td>Guatemala: termina, com um acordo entre a guerrilha e o governo, a guerra civil que começou em 1960.</td></tr>
<tr><td rowspan="2">Anos Dois Mil</td><td>2004</td><td>Começa a Escola de Jornalismo.</td><td></td></tr>
<tr><td>2005</td><td>Os dois institutos, a Fundação Basso, a Fundação internacional e a Fundação nacional, já unidas com ISSOCO, confluem em uma única entidade.</td><td></td></tr>
</table>

3. Marcos históricos[115]

Lucca durante a Segunda Guerra Mundial

A guerra impacta o dia a dia dos habitantes de Lucca até 5 de setembro de 1944, dia da Libertação. Do mesmo modo que ocorreu em outras realidades análogas na Toscana, a presença de deslocados e a crise alimentar representam a principal face do conflito, já desde 1941. A crise se agrava em 1943. É uma crise institucional, social, econômica. Depois dos bombardeios aliados sobre Grosseto, Livorno e Pisa (31 agosto), os deslocados são dezena de milhares, nas colinas ao redor de Lucca, em Mediavalle e Garfagnana, em Versilia. A resistência se radicaliza nas zonas montanhosas, porém, durante muito tempo, tem uma história mínima e difícil. Emblemática foi a sorte do grupo de jovens que se juntaram ao redor do professor de Liceu Carlo del Bianco, perto de Pania de Corfino, que é dissolvido pelo docente por medo de enfrentamentos armados com os alemães. O nó é o da violência, se é ou não legítimo matar, também com um inimigo como aquele nazifascista. As escolas da cidade assistem, no inverno

[115] À elaboração dos marcos históricos contribuiram Gianluca Fulvetti, Giancarlo Monina, Angelo Trento, Luigi Sandri, Soana Tortora e Gianni Tognoni, aos quais agradecemos pela disponibilidade demonstrada.

1943-1944, a manifestações, protestos e desobediências dos estudantes, amordaçados pela República Social Italiana (RSI), que mantém constante pressão sobre os jovens, usando também a "pedagogia mortuária", ou seja, exibindo as execuções dos renitentes, daqueles que rejeitam vestir novamente um uniforme fascista. A RSI entra em crise no final da primavera. A raiva é forte, sobretudo em relação ao clero.

A obra de assistência econômica e social e de resistência civil de um grande grupo de representantes do clero diocesano e das ordens religiosas é o elemento que caracteriza a situação de Lucca no mais amplo panorama toscano e talvez nacional. A matança cometida pelos nazistas na noite entre 1º e 2 de setembro de 1944 na Certosa di Farneta é um importante exemplo: os monges, com efeito, haviam hospedado no mosteiro refugiados, judeus, *partigiani*. Naquela noite, os nazistas o invadiram, matando 32 civis, 6 padres e 6 noviços. Um engajamento que muitos pagaram com a vida, que cruza, a partir de julho, também com a guerra nazista aos civis, que se traduz em matanças de civis (Sant´Anna di Stazzema, principalmente), e que encontra em Lucchesia um departamento "especial", a 16ª Divisão das SS, que revela também uma recorrente inspiração anticlerical, traduzida como uma espécie de "caça ao sacerdote". O clero trabalha em conjunto com o Comitê de Libertação Nacional e as estruturas do antifascismo clandestino, alimentado por uma série de professores, de profissionais – na grande maioria advogados e médicos – de acordo com a configuração social típica da Lucca democrática, desde o princípio dos anos 1900.

Intelectuais e PCI no início do pós-guerra

Logo após a Libertação do dia 25 de abril de 1945, inicia-se na Itália um período rico de efervescência política e intelectual, que marca a difícil transição à república e à democracia. São protagonistas, em primeiro lugar, as culturas da esquerda por muito tempo oprimidas pela ditadura fascista, que promovem novas inciativas em todos os âmbitos: da literatura ao cinema, do teatro às artes, até aos saberes acadêmicos. O traço característico é representado pela descoberta do engajamento social e da vontade de desprovincianizar o país. O início do pós-guerra parece ser um acelerador de tomadas de consciência entre os intelectuais que haviam, por várias razões e diferentes convicções, aderido na juventude ao fascismo, fascinados pelos seus mitos e por suas promessas de ruptura com o precedente *establishment*.

Um fenômeno que já se havia manifestado nos anos anteriores à guerra, quando muitos dos que aderiram às organizações da juventude fascista, decepcionados com o regime, haviam se aproximado das fileiras comunistas clandestinas, seguindo um percurso geracional que o escritor Ruggero Zangrandi descreveu bem no seu livro *Lungo viaggio attraverso il fascismo*. Personalidades como Pietro Ingrao e Mario Alicata, futuros máximos dirigentes do PCI, amadureceram, por exemplo, a opção pelo campo antifascista justamente na época de sua experiência no Grupo Universitário fascista.

Na progressiva aproximação de muitos intelectuais com o Partido Comunista Italiano, participaram, entre outros, do cenáculo dos intelectuais de Turim (ligados por vários motivos à editora Einaudi), de Milão (Felice Balbo, Ceriani Sebregondi), de Roma (Franco Rodano, Luciano Barca, Antonio Tatò, Gabriele De Rosa), e de Nápoles (Giorgio Amendola, especialmente), acontecimentos que foram amplamente documentados por Luca La Rovere e, antes dele, por Norberto Bobbio e Nicola Gallerano.

Neste período, o PCI, fortalecido pela experiência amadurecida na Resistência e defensor de uma mudança radical da sociedade, exerce uma forte atração sobre os jovens da época, nascidos e crescidos sob o fascismo, os quais encontram no partido a possibilidade de dar um novo sentido moral e político às suas vidas. O PCI se torna o "partido novo", que representa os estratos mais vulneráveis da sociedade e que parece capaz de realizar os grandes projetos de mudança solicitados pelo movimento da Resistência. É o partido dos operários, mas também de muitos intelectuais que escolhem a estrada do engajamento político e aceitam confrontar-se com a realidade social. A cultura da esquerda penetra, então, no mundo universitário, entre os docentes e especialmente entre os estudantes, que vivem, geralmente sua primeira experiência política.

O cenáculo dos intelectuais de Lucca (Giorgio Colli e os seus) que, antes de 1950, havia se formado ao redor da "Scuola Normale" de Pisa, constitui, então, um fenômeno comum a outras cidades italianas no decênio 1940-1950. Em Lucca, se caracteriza como um grupo minoritário em uma cidade "branca", em que a Democracia Cristã e o sistema ideológico e de poder que a sustentava, recebem nas eleições políticas consensos que superam a maioria absoluta. Muitos desses intelectuais atravessaram depois os anos da "guerra fria" em uma acrítica defesa da URSS, participando das iniciativas de mobilização promovidas pelo PCI como, por exemplo, aquela contra a adesão da Itália ao Pacto Atlântico, antes, e à OTAN depois. Somente os acontecimentos de 1956, com a invasão soviética da Hungria, determinaram significativas tomadas de consciência nestes grupos de intelectuais.

As Oblatas do Espírito Santo

Elena Guerra, nascida em Lucca em 1835, se preocupou com a educação da juventude, e, ao mesmo tempo, com a missão de reavivar nos fiéis a oração ao Espírito Santo, este "grande desconhecido" da piedade cristã. Costumava dizer: "O Amor não é conhecido, o Amor não é amado". Para concretizar seus intentos, em 1882, fundou, com a aprovação do bispo de Lucca, Nicola Ghilardi, o Instituto das Oblatas do Espírito Santo [OSS], confiando às freiras, em especial, a educação da juventude. Uma vez que ela colocou a sua obra sob a proteção de Santa Zita (em Lucca havia uma igreja dedicada a ela), na cidade as pessoas chamavam de "*zitine*" as discípulas de Elena Guerra, que morreu em 1914 e foi beatificada pelo Papa João XXIII em 1959. De congregação somente diocesana, isto é local, quando se expandiu, de acordo com uma praxe comum a todas as ordens religiosas, tornou-se uma congregação de direito pontifício, ou seja, dependente dos escritórios do Vaticano em Roma.

Depois do Concílio Vaticano II, que em 1965 com o decreto *Perfectae caritatis*, recomendou a atualização das congregações religiosas, também as Oblatas se modernizaram: mudaram algumas regras internas de sua vida e simplificaram o hábito.

Mas bem outras eram as expectativas despertadas pelo Concílio, em relação, por exemplo, ao tema da obediência. Em países como os latino-americanos, em que a presença dos pobres, ou melhor "empobrecidos", era central nas obras dos Institutos Religiosos, o Concílio Vaticano II trouxe a consciência de que fosse justamente aquele povo de Deus o sujeito a quem deveria ser dirigida a obediência, que se devia servir, não mais o superior ou a superiora da vez.

Contudo, aceitar isto teria colocado em discussão a inteira instituição eclesiástica. A organização piramidal na direção de uma ordem religiosa não foi arranhada, suscitando inevitáveis tensões, alterações e sofrimentos naqueles/as religiosos/as que olhavam com consciência a situação social em que trabalhavam.

Atualmente, as Oblatas do Espírito Santo possuem uma quinzena de escolas na Itália, e obras educativas no Canadá, Filipinas, Camarões e Ruanda (não existem mais no Brasil, onde estavam presentes nos anos sessenta). No conjunto, as freiras Oblatas do Espirito Santo, hoje são aproximadamente 220.

Itália e Brasil dos anos Cinquenta-Sessenta

No final da Segunda Guerra Mundial, a Itália era um país a ser reconstruído, ferido pelos bombardeios anglo-norte-americanos e pelas represálias nazistas; comprometido em uma reconstrução que não era somente econômica e política, mas sobretudo cívica: tratava-se, de fato, de reunificar um país dividido, de recriar o sentido e a confiança na unidade nacional. No começo dos anos cinquenta, porém, a recuperação já era evidente e, graças ao progressivo redimensionamento do setor agrícola em favor daquele industrial e terciário, às transformações do mercado de trabalho e à inclusão nas dinâmicas econômicas internacionais (Plano Marshall), preparava-se o terreno para o chamado "milagre econômico" dos anos sessenta. Entre 1958 e 1963, a taxa de crescimento do PIB italiano alcança o nível recorde de 6,3 por cento anual e os efeitos negativos da repentina urbanização foram suplantados por uma grande melhoria das condições de vida da população. O aumento do consumo privado, nos novos setores como o dos transportes e das comunicações (de 4,7 a 8,4 por cento em poucos anos), foi possível devido ao crescimento contínuo do emprego, e, portanto, dos salários que de 1950 a 1960 aumentaram 142 por cento.

O cenário brasileiro nesses anos era bem diferente.

No plano econômico, as políticas brasileiras após a segunda guerra oscilaram do liberalismo inicial do final dos anos quarenta às fortes inclinações nacionalistas da primeira parte da década sucessiva, no governo de Getúlio Vargas, com forte investimentos públicos no setor produtivo, nos transportes e no petróleo. Foi tentativa de reforçar a emancipação do país em relação ao exterior, na concepção desenvolvimentista apoiada naquele período pela CEPAL (Comissão Econômica para a América Latina e o Caribe da ONU) e que encontrou no presidente Kubitschek o seu máximo executor.

A gestão de Kubitschek (1956-1961), com efeito, foi caracterizada por uma incitação ao otimismo, resumida na fórmula "50 anos em 5". Contudo, mesmo tendo o PIB aumentado em ritmos de quase 7 por cento ao ano, a trajetória positiva foi frustrada pela inflação e pela necessidade de aumentar o débito público para financiar tal política. Também devido à deterioração das relações de troca do comércio externo do Brasil, mas, sobretudo, pela falta de difusão dos efeitos no plano social. A mobilização dos setores sociais e dos sindicatos deixou lugar, naqueles anos, a uma cega confiança na ampliação automática do bem-estar coletivo devido aos efeitos secundários da modernização e do desenvolvimento.

As décadas 1945-1964 foram, geralmente, marcadas pelo esgotamento das políticas de conciliação dos diferentes interesses, típicas do populismo dos anos Trinta. Tudo isso comportou o ressurgimento das velhas contradições e a emergência de novos contrastes, enquanto pioravam de maneira significativa os indicadores que sinalizavam situações críticas: desemprego e subemprego (se em 1959 as pessoas empregadas no setor industrial eram aproximadamente 14 milhões, em 1970 reduziram-se a 12 milhões), marginalidade, favelas (em 1975 havia 2 milhões de crianças de rua), terríveis desigualdades na distribuição de renda entre classes sociais e entre Estados da Federação, salários baixos (o salário mínimo, recebido por mais da metade dos trabalhadores passou de 100 em 1960, a 72 em 1967 para depois colapsar a 52 em 1974), assistência médica deficiente, desnutrição, miséria (em 1970, a taxa de analfabetismo dos homens maiores de 15 anos era do 29,8 por cento)[116].

A crise econômica dos inícios dos anos sessenta piorou e acompanhou logo depois a política.

[116] Fonte: IBGE.

O golpe e a ditadura brasileira

O golpe de 1° de abril de 1964 inaugurou uma peculiar intervenção dos militares na vida política, que terá numerosos seguidores na América Latina: não apenas a da ascensão de um oficial a chefe de Estado, mas a ação coletiva das Forças Armadas como corpo do Estado, que tinha um desenho global para a sociedade.

Foi um modelo que logo se expandiu pelo resto do continente sul-americano (Bolívia, Chile, Argentina, Uruguai e Paraguai) e que, somente depois, descobriu-se que fazia parte de um plano bem mais amplio guiado pelo governo dos Estados Unidos para evitar, naqueles anos de Guerra Fria, a consolidação de uma frente de influência comunista.

Partidos e classe sociais – também aqueles favoráveis – foram marginalizados de qualquer processo de tomada de decisão, que permaneceu firmemente nas mãos dos altos graus e de uma burocracia privilegiada, ao ponto de se poder falar de regimes burocrático-autoritários. Diversamente de outras experiências sucessivas, no Brasil, os golpistas mantiveram em funcionamento o Congresso Nacional (exceto quando o fecharam temporariamente. Instauraram um regime bipartidário artificioso. Por outro lado, como em outros lugares, editaram leis excepcionais e fizeram circular, para justificar o golpe de Estado, a imagem de uma sociedade doentia, sobre a qual era necessário intervir cirurgicamente para salvar as forças saudáveis da nação.

A repressão do regime golpeou especialmente partidos, sindicatos e organizações combativas como a União Nacional dos Estudantes e as Ligas Camponesas. Neste período, se procedeu ao amordaçamento dos meios de comunicação, com a instituição da censura prévia, ao controle sobre a educação e a cultura, à ocupação e a gestão direta de muitas universidades.

A base referencial teórica dos militares foi a doutrina da segurança nacional, que substituía as fronteiras territoriais pelas fronteiras ideológicas e colocava ao lado do inimigo externo o inimigo interno, representado pela ampla e indefinida categoria dos "subversivos", entre os quais logo, juntamente com os opositores políticos, os estudantes e os operários, começou a figurar também a Igreja.

Desde os anos imediatamente sucessivos ao golpe, o governo militar, como depois foi atestado, utilizou métodos de tortura de forma indiscriminada e sistemática e mediante pessoas adestradas para tal finalidade. Entre os métodos mais utilizados, e testemunhados depois, havia sem dúvida o pau de arara (um pau em que era amarrado o prisioneiro de cabeça pra baixo com os pulsos e os tornozelos amarrados), o choque elétrico ou a palmatória (uma paulada sistemática que levava a levantar a pele do prisioneiro);

ou também as torturas "hidráulicas", as violências sexuais ou psicológicas frequentemente realizadas com o auxílio de cobras, aranhas ou ratos.

Embora, – de acordo com o relatório apresentado em dezembro de 2014 pela *Comissão Nacional da Verdade, instalada pela Presidente Dilma Rousseff para investigar os crimes cometidos durante os anos da ditadura – , as pessoas assassinadas ou desaparecidas naqueles anos seriam "somente" 434 (os exiliados aproximadamente 10.000), os números verdadeiros são supostamente superiores. No relatório, de fato, se menciona exclusivamente os casos em que foi possível obter a documentação: os documentos do exército brasileiro, contudo, aparentemente foram destruídos e, portanto, não estão disponíveis.*

A Teologia da Libertação

Em 1968 se realiza em Medellín, na Colômbia, a segunda Conferência Geral do Episcopado Latino-americano: era o momento para "traduzir", adaptando-o à realidade especifica do continente, o Concílio Vaticano II, concluído três anos antes. Neste contexto, a Conferência enfatizou as "estruturas de pecado" da sociedade, isto é, uma economia que inevitavelmente tornava os ricos sempre mais ricos e os pobres sempre mais pobres. Aprofundando esta linha de análise, um teólogo peruano, muito comprometido socialmente,

Gustavo Gutierrez, em 1971 publicou *Teologia da libertação*, um livro que colocava o eixo da Igreja no seu caminhar "para" e "com" os empobrecidos, ou seja, com todos e todas aqueles aos quais eram dirigidas as beatitudes da pregação evangélica.

Justamente este texto se tornou o núcleo inspirador de uma riquíssima época de produção intelectual e de experiência fortemente enraizadas e diferenciadas, nas realidades urbanas e rurais, não somente na América Latina, mas em nível global. Uma reação a esta corrente de pensamento-ação foi inevitável, seja por parte dos diversos governos ditatoriais-militares, seja pela cúpula da Igreja romana.

Entre as principais testemunhas da Teologia da Libertação cabe lembrar figuras como os teólogos Leonardo e Clodovis Boff, Hugo Assmann, Juan Luís Segundo, Jon Sobrino e especialmente o sacrifício de Oscar Arnulfo Romero e de outros mártires assassinados pelas juntas militares salvadorenhas nos anos Oitenta. Talvez, somente com o atual Papa, depois de pontificados reticentes ou claramente opostos, como aquele de João Paulo II, à Teologia da Libertação e às suas testemunhas será reconhecido um papel "profético" na história da Igreja e da sociedade.

Educação como prática de liberdade

Educação como prática de liberdade, ou seja, educar/educar-se a praticar a liberdade. Este é o coração da proposta pedagógica de Paulo Freire. Uma proposta educativa e pedagógica que vai muito além do método de alfabetização que o próprio Freire utilizou, e que lhe constitui a base.

Fazer com que adultos em condição de pobreza e opressão aprendam a ler e escrever significa romper aquela *cultura do silêncio*, "feita de mutismo e não de participação – como lembra Linda Bimbi no seu Prefácio à primeira edição italiana da *Pedagogia dos oprimidos* de P. Freire – que é a pesada herança deixada pelo colonialismo português à população brasileira".

Em *Educação como prática de liberdade*, Freire apresenta o novo instrumento metodológico da Pedagogia dos oprimidos: o Círculo da cultura, o Círculo da pesquisa temática. "Ninguém educa ninguém, ninguém se educa sozinho, os homens se educam entre si, mediatizados pelo mundo", afirma Freire. Em comunhão. "A libertação dos oprimidos é libertação dos homens e não de coisas. Por isso, se não é autolibertação (ninguém se liberta sozinho), também não é libertação de alguns feita por outros. Não se pode realizá-la pela metade, tratando-se de homens, e se o tentamos, realizamos a sua deformação. Estes já estão deformados, porque oprimidos: a ação que os liberta não pode usar o mesmo processo daquela que os deforma (*A pedagogia da esperança*)".

O educador assume, portanto, somente uma função de coordenador e, através de um método dialógico, ativo e crítico, quem participa, pesquisa no trabalho conjunto com os outros, as palavras e os temas mais significativos na vida de cada um, no interior do universo semântico próprio da comunidade em que vive. Aprende a conhecer e reconhecer sons, sinais e palavras, geradoras de outras palavras novas, mas também de uma consciência histórica que se torna o início de um "parto dolorido", assim Freire define o processo de libertação: " [...] parto que dá à luz a este homem novo, não mais opressor, não mais oprimido: homem que liberta a si mesmo (*A pedagogia dos oprimidos*)".

O "Sistema Basso" [117]

Lelio Basso havia constituído uma Fundação já em 1974, na Via della Dogana Vecchia nº 5, em Roma. Mas sua participação no Tribunal Russell, antes, e a decisão de dar vida a uma Sessão do mesmo tribunal dedicada à América Latina depois, o levaram a conceber a idéia de uma segunda fundação, a Fundação Internacional para a Libertação dos Povos, depois constituída. É uma

[117] Esta parte se propõe a fornecer um quadro global do contexto no qual a história de Linda, se desenvolve nos inicios dos anos sessenta.

história não fácil de resumir como outras "histórias" oficiais. Não é fácil dar conta, ainda que suscintamente, de como aconteceu que o núcleo de pessoas, do qual Linda foi por muitos anos uma referência motivacional e institucional imprescindível, olharam, viveram, interagiram com o mundo, a partir justamente do escritório de Linda no imóvel de Via della Dogana Vecchia nº 5.

Os eventos que ocorreram nestes breves anos (1974-1976) e as instituições que se fundaram por iniciativa de Lelio Basso, com a participação de Linda, são o produto de um processo bastante articulado e intenso, não somente para dar continuidade aos resultados das três Sessões do Tribunal Russell II sobre as ditaduras da América Latina, mas sobretudo para transformar os resultados teóricos e políticos do trabalho de pesquisa e denúncia em instrumentos inovadores e permanentes.

O Direito Internacional dos Estados, reconduzível às declarações universais de direitos humanos, não parecia mais ser capaz - além dos resultados da descolonização, terminada formalmente, porém não substancialmente, com o fim das colônias portuguesas - de enfrentar as novas exigências de direito que deveriam ter os povos como protagonistas. Protagonistas capazes de autodeterminação, não somente com relação aos poderes externos, mas também em relação aos modelos de vida e de política a serem escolhidos ao seu interior e nas relações internacionais.

Além do mais, era necessário abrir um período de investigação política, social e cultural, para envolver os povos, além dos Estados, em um movimento de libertação a longo prazo.

Neste quadro, a Declaração de Argel, produto de um profundo trabalho de reformulação por parte dos representantes dos povos e dos juristas internacionais, tornou-se a plataforma de referência.

Em seguida, a constituição da Liga pelos Direitos e a Libertação dos povos se propôs como instrumento de reflexão-ação capaz de favorecer uma tomada de consciência, em nível internacional, das novas tarefas da política, em continuidade e para além da "solidariedade", que havia permitido ao Tribunal Russell II de tornar-se instrumento de consciência compartilhada de direito, para tantos povos fragmentados nas ditaduras da América Latina.

Por sua parte, a Fundação Internacional Lelio Basso caracterizou-se imediatamente como lugar de encontro e de pesquisa teórica sobre as implicações e os desenvolvimentos necessários para fazer da Declaração de Argel, em continuidade com o compromisso militante da Liga, uma plataforma de referência para uma sociedade que estava enfrentando os novos desafios de um diverso e difundido imperialismo/colonialismo de dimensões globais.

Para documentar as inevitáveis e dramáticas violações do direito dos povos, que teriam ocorrido de forma impune e impunível, foi instituído o Tribunal Permanente dos Povos para que o direito inviolável dos povos de tomar a palavra fosse respeitado de forma visível, substituindo assim o vazio-ausência do direito dos Estados para restituir às vítimas a dignidade da verdade e da memória.

Como se pode observar é uma história complexa, muito rica, densa de experiências, sucessos e derrotas: uma trama de instituições, que tiveram, ao longo dos anos, a participação de pessoas e movimentos que experimentaram tantos caminhos, num mundo em transformação.

O "sistema Basso", como era chamado por brevidade, mudou também: a Liga concluiu a sua belíssima história que se cruzou, sobretudo nos primeiros quinze anos, com aquela do Tribunal. A Fundação Internacional continua agora funcionando como uma articulação institucional e operacional em simbiose com a histórica Fundação Lelio e Lisli Basso.

Os desafios permanecem abertos, e sempre mais atuais em um mundo em que muitas das "inquietudes", assinaladas juntamente com as esperanças no preâmbulo da Declaração de Argel, se transformaram em obstáculos pesados em um mundo sempre mais explicitamente globalizado e sempre mais apoiado em posições que negam o direito à autodeterminação dos povos.

O Tribunal Permanente dos Povos

A história da elaboração teórica, da experiência e dos resultados do Tribunal, aberto oficialmente em Bolonha em 1979, poucos meses depois do desaparecimento de Lelio Basso que lhe havia definido as grandes linhas, já foi narrada em muitas publicações de fácil acesso.

Todavia, para reconstruir uma atividade, de 35 anos e que conta com mais de quarenta Sessões e colocá-la na "narrativa" deste livro, é suficiente lembrar a evolução do seu perfil: de órgão de escuta-resposta a um sistema de amplificação das solicitações provenientes das situações de povos violados no seu direito e mantidas impunes em relação ao direito internacional dos Estados.

Este caminho pode ser reconstituído através das sessões dedicadas:

– às ditaduras – nas suas formas cada vez mais renovadas – que permanecem um eixo fundamental do trabalho do Tribunal: da Argentina (1980), ao Zaire (1982), à Guatemala (1983) e, enfim, à Argélia (2004).

– aos povos negados: dos Saaráuis (1979) ao Tibete (1992), às crianças da Sessão sobre a violação dos direitos da infância e dos menores (1995) e a aqueles da sessão sobre crianças e adolescentes no Brasil (1999);

– às raízes ilegítimas do Direito internacional, na Sessão sobre a Conquista da América Latina (1992), ou naquelas dedicadas às práticas viesadas do Fundo Monetário Internacional e do Banco Mundial (1988; 1994), e a impunidade dos crimes contra a humanidade na América Latina (1991) e a reintrodução da "legitimidade" da guerra (2002);

– aos "novos" genocídios, como aqueles na ex-Iugoslávia (1995) e do Tamil Eelam (2010-2013).

– à criminalidade global do livre comércio, com a realização de numerosas Sessões, daquela sobre a Colômbia (2006-2008) àquela sobre empresas transnacionais europeias na América Latina (2006-2010), a mais recente sobre o México (2011-2014).

4. Biografias. Os encontros de Linda

Alting von Geusau Leo G.M. (1925-2002). Teólogo e antropólogo holandês, acompanhou as atividades do Concilio Vaticano II e foi fundador e secretário geral do IDOC (*International Documentation on the Contemporary Church*) e elemento chave na publicação da revista Concilium, que representa a partir dos anos oitenta as tendências teológicas, doutrinalmente, socialmente, culturalmente mais abertas ao diálogo inter-religioso. Suas pesquisas antropológicas sobre populações Akha tailandeses o levam, nos anos oitenta, a dedicar-se em tempo integral à luta pelos direitos dessa população e a compartilhar sua vida (em 1981 casou-se com uma mulher Akha); até 2002, ano da sua morte, colaborou com algumas organizações não governamentais para garantir o acesso à educação e à cidadania.

Altvater Elmar (1938). É um dos intelectuais de maior relevância da esquerda alemã. Foi professor de ciências políticas no Instituto Otto-Suhr da Universidade Livre de Berlim (*Freie Universität*), até setembro de 2004. Atualmente é professor emérito da mesma Universidade e com ela continua colaborando através da publicação de artigos e livros. É autor, entre outros, de numerosos textos sobre a globalização e a crítica do capitalismo. Além de questões sobre a teoria do desenvolvimento, a crise da dívida externa e a regulamentação dos mercados, continua ocupando-se dos impactos da economia capitalista sobre o meio ambiente. Foi membro da Comissão de Inquérito do Bundestag, *The World Economy* (1999-2002). É membro do Comitê Cientifico de ATTAC e do Conselho do Fórum Social Mundial. Membro do Tribunal Permanente dos Povos desde sua fundação, foi promotor e protagonista de algumas sessões-chave, como aquelas sobre o Fundo Monetário Internacional e o Banco Mundial (1988 e 1994), e aquelas sobre as empresas transnacionais (2005 e 2014). Foi presidente da Fundação Internacional Lelio Basso.

Arraes de Alencar Miguel (1916 - 2005). Governador do Estado de Pernambuco, de 1962 a 1964, até o golpe militar. Preso, até 1965, e depois exilado na Argélia até a anistia de 1979. Eleito de novo governador para o período de 1986 até 1997.

Arrupe Pedro (1907-1991). Teólogo e sacerdote espanhol, jesuíta. Missionário em Hiroshima, antes e depois da explosão da bomba nuclear, em 1945, foi Superior General da Companhia de Jesus em 1965, logo após o Concilio Vaticano II, permanecendo por uma longa e controversa temporada, até 1985, realizando a opção preferencial pelos pobres e o engajamento com a justiça social.

Balducci Ernesto (1922-1992). Nascido no Monte Amiata, primeiro de quatro filhos, entrou ainda garoto na congregação dos *Scolopi*: foi ordenado padre em 1944 e logo enviado para a Florença libertada, onde ensinou nas escolas *Pie Fiorentine* e se formou em Letras, em 1950, com uma tese sobre Antonio Fogazzaro. Foi uma das personalidades de maior destaque na cultura do mundo católico italiano no período em que acompanhou e seguiu o Concilio Vaticano II. Em 1958, fundou a revista *Testimonianze*, com um grupo de amigos e jovens vinculados ao "Cenáculo" e começou uma intensa atividade publicista sobre temas eclesiais. O nome da revista remetia à fé fundada sobre o valor do testemunho, de acordo com o modelo espiritual dos *Piccoli Fratelli* de Charles de Foucauld. A hostilidade da Cúria diocesana, reflexo das censuras direcionadas aos fermentos inovadores da Igreja Católica, que caracterizaram a última fase do pontificado do Papa Pio XII, lhe causou o afastamento de Florença. O "exilio" em Frascati e depois em Roma, onde seguiu os eventos relacionados com o pontificado do Papa João XXIII, lhe deu a oportunidade de ter um olhar mais próximo da renovação do Concilio Vaticano II, do qual foi um atento defensor, comprometido no estudo e na divulgação do debate conciliar. Nos anos setenta, foi um dos artífices do diálogo com o mundo vinculado ao Partido Comunista Italiano em nome da derrubada de muitas fronteiras culturais e políticas. Nos anos oitenta, foi um líder ouvido na campanha pelo desarmamento. Em 1986, fundou a editora *Edizioni Cultura della Pace* (ECP). A reflexão de Balducci se expandiu em direção aos grandes "temas planetários" dos direitos humanos, do respeito ao ambiente, da cooperação, da solidariedade e da paz, em uma fronteira cultural entre crentes e não crentes. Significativa foi sua contribuição na revista *Testimonianze* de 1983, em que denunciou a visão eurocêntrica do mundo, homenageando o Islã, definindo-o o "nexo vital" da Europa medieval com a civilização helênica. Morreu em 1992, em um grave acidente de carro, na véspera do lançamento do primeiro de uma série de livros na coleção *Le Caravelle*, promovida por ele por ocasião dos quinhentos anos da "conquista" da América.

Barbero Franco (1939). Foi ordenado sacerdote em 1963 e desde os inicios dos anos setenta esteve engajado no movimento das comunidades cristãs de base. Em 1973, funda, juntamente com outras pessoas, a comunidade cristã de base de Pinerolo, com quem compartilha o caminho até o mês de março de 2014, quando funda, sempre em Pinerolo, uma nova comunidade de base, a "Casa da Escuta e da Oração". Desde 1975, assume posições de contraste com as instâncias da Igreja Católica referentes a problemáticas sociais: em 2003 é demitido do estado clerical e dispensado das obrigações do celibato.

Bolelli Tristano (1913-2001). Aluno da Escola Normal Superior de Pisa, depois de ter ensinado glotologia em Roma (de 1942 a 1944) se transfere para a Universidade de Pisa, onde realiza toda a sua carreira acadêmica. Torna-se diretor do Instituto de Glotologia em 1948, quando sucede ao seu professor Clemente Merlo, até

1983. De 1950 a 1958 foi também vice-diretor da Escola Normal Superior de Pisa.

Câmara Hélder Pessoa (1909-1999). Arcebispo católico e teólogo brasileiro, nasce em uma família modesta, décimo primeiro de treze filhos. É ordenado sacerdote em 1931 no Rio de Janeiro, onde em 1952 será nomeado bispo auxiliar. Ali funda o *Banco da Providência de São Sebastião*, que assistia aos mais pobres. Participa do Concilio Vaticano II como um dos promotores daquela *opção preferencial pelos pobres*, que foi a base do "pacto" assinado em 1965 nas catacumbas de Domitila, no qual um numeroso grupo de bispos se comprometeu com prática de um estilo de pobreza pessoal. No dia 12 de março de 1964, é nomeado por Paulo VI arcebispo de Olinda e Recife. Entrando na cidade não quis ser acolhido dentro da catedral, mas na praça, no meio das pessoas e começou dizendo: "No Nordeste do Brasil, Jesus Cristo chama-se Zé, Maria e Severino. Tem a pele escura e sofre com a pobreza". Suas idéias sobre as causas da miséria produzida por mecanismos de injustiça ("Não basta dizer que os pobres estão sem pão: precisa dizer "porque" estão sem pão") o tornaram alvo da ditadura brasileira e dos esquadrões da morte que o batizaram como "o bispo vermelho". Ele, que no começo do seu sacerdócio, havia apoiado posições conservadoras, não demorará em denunciar os abusos dos militares. Deixa a diocese em 1985 por ter alcançado o limite de idade.

Candia Marcello (1916-1983) foi um empreendedor e missionário leigo. Depois de se diplomar em três áreas do conhecimento (química, farmácia e biologia) e vinte e cinco anos de atividades industriais, decide deixar a empresa do pai, em Milão, e ir para o Brasil como missionário. Propõe a alguns médicos da escola italiana de médicos para missionários, fundada em 1948, e da instituição da UMMI (União Médico Missionária Italiana) de irem para as missões colaborar com os missionários. Decide ele mesmo ir para a Amazônia e ali dedicará tudo de si mesmo. Abandona, de fato, sua vida de comodidades e vai para Macapá, onde começa a construir o hospital, o leprosário, a escola para enfermeiros. Atualmente, no Brasil existem 33 obras que devem sua existência à Fundação Doutor Marcello Candia. Em 1975, a revista Manchete o definiu como "o melhor homem do Brasil". A pedido do cardeal Carlo Maria Martini, em 1991, foi aberto o processo de sua beatificação. Em 2014, o Papa Francisco o reconheceu como venerável.

Cantimori Delio (1904-1966). Aluno da Escola Normal Superior de Pisa, se forma em 1928 em Letras e Filosofia. Em 1929 ganha o concurso para a cátedra de História e Filosofia para os liceus e se torna professor em Cagliari. Em 1931, se forma pela segunda vez em literatura alemã na Universidade de Pisa e muda para Pavia. Depois de uma série de encargos em várias universidades na Itália e no exterior, volta para Roma, como editor da revista do Instituto Italiano de Estudos

Alemães e diretor da biblioteca e depois, ainda, em Messina. Em 1940, finalmente, volta para a Normal chamado por Giovanni Gentile. Interrompido o ensino no período da Republica de Salò, retoma o seu lugar na Normal em 1944, com a nomeção de Luigi Russo como diretor da escola.

Cardenal Ernesto (1925). Monge, presbítero e poeta nicaraguense. Participou da Revolução de abril de 1954, tentativa falida de derrubar o regime ditatorial de Anastásio Somoza na Nicarágua. Depois de uma experiência na comunidade trapista fundada por Thomas Merton, no Kentucky, funda a Comunidade de Solentiname, baseada nos princípios da não-violência. Exilado do país, foi testemunha e juiz na sessão conclusiva do Tribunal Russell II sobre a América Latina em 1976.

Foi membro do Frente Sandinista de Libertação Nacional, que derrubou a ditadura de Somoza em 1979 e, pela sua participação na revolução, João Paolo II, durante a visita em Nicarágua em 1983, o suspendeu a *divinis*. Como Ministro da Cultura do novo governo guiado por Daniel Ortega, promoveu e foi protagonista (também com os seus laboratórios de poesia) da campanha de alfabetização, reconhecida pela UNESCO como modelo de participação e criatividade. Por suas poesias, é considerado como um dos maiores poetas da língua espanhola das últimas décadas. Cabe destacar que depois da publicação (traduzido por David Maria Turoldo) de *Quetzalcoatl*, a mais recente publicação *Canto Cósmico* (Ed. Raynela, 2014) pode ser considerada a síntese formal e visionária de toda a sua poética.

Castellina Luciana (1929). Nascida em Roma, é jornalista e escritora. Em 1947, participa do primeiro Festival da Juventude em Praga, a partir do qual se inscreverá na Federação Juvenil Comunista Italiana (FGCI), onde se torna a editora da revista *Nuova Generazione*, e depois no PCI. Em 1969, foi uma das fundadoras da revista *Il manifesto* e depois, em 1974 do PDUP (Partido de Unidade Proletária pelo Comunismo). Em 1984, com o PDUP, retorna ao PCI até 1991, quando este se transforma no Partido Democrático da Esquerda (PDS). Durante estes anos, o seu compromisso com a paz e os direitos humanos a leva a ser uma das principais coordenadoras da revista *Guerra e pace*. Em 1995, com o Movimento dos Comunistas Unitários, Luciana Castellina assume a direção da publicação semanal *Liberazione*. Desde 1976 foi eleita por quatro vezes deputada nacional, porém concluiu o mandato somente na primeira legislatura. Eleita parlamentar europeia nas eleições em 1979 (PDUP), em 1984 (PCI), em 1989 (PCI) e em 1994 (PRC) até 1999, foi presidenta da Comissão pela Cultura, Juventude, Educação e Meios de Comunicação (1994-1997) e da Comissão para as Relações Econômicas Exteriores (1997-1998). O seu prefácio a este texto descreve tudo o que é essencial na sua relação com o sistema Basso e o Tribunal Permanente dos Povos.

Colli Giorgio (1917-1979) foi um filósofo, filólogo e histórico da filosofia italiano. Ensinou durante trinta anos história da filosofia antiga na Universidade de Pisa. De 1942 a 1949 é professor de filosofia do liceu clássico "Machiavelli" de Lucca, com um intervalo da primavera de 1944 ao verão de 1945, quando se refugia na Suíça, em Lugano, para fugir da Republica de Salò e onde ensina latim e grego em um campo de estudos para exilados políticos. Nos anos da permanência em Lucca, criou aquele grupo de amigos – entre os quais Mazzino Montinari e Angelo Pasquinelli – com os quais compartilhou vida, projetos e trabalho; com eles escreveu o seu primeiro livro, *Physis kryptesthai philei. Studi sulla filosofia greca* (1948), com o qual ganhou a cátedra que lhe permitiu tornar-se professor de história da filosofia antiga na Universidade de Pisa, onde permanecerá sempre. Além de Colli, Montinari e Pasquinelli, o grupo de amigos de Lucca era também composto por: Fausto Codino, Pietro Giorgetti, Gigliola Gianfrancesco Pasquinelli, Nino Cappelletti, Clara Valenziano, Linda Bimbi, Enrico Ramundo, Olga Tulini e Valentino Parlato. A Colli se deve também a primeira edição crítica das obras e dos epistolários de Friedrich Nietzsche, conduzida juntamente com o seu principal aluno, Mazzino Montinari.

Cuminetti Mario (1934-1995). "Foi uma das primeiras pessoas na Itália a falar, inclusive de maneira crítica, da Teologia da Libertação; um querido amigo que compartilhou conosco as primeiríssimas horas da inserção na Itália e que nos enriqueceu de ciência teológica e de comunicação, porque se colocava sempre na nossa mesma altura, sem nunca ter uma pose de mestre" (*Voz da Comunidade*). Depois dos estudos no seminário de Bergamo, obtém o doutorado em teologia na Universidade Gregoriana. Realiza atividades pastorais nas paróquias de Comacchio, Florença, Bibbiena (*Arezzo*) e depois, até 1967, na Universidade Católica de Milão. Nos mesmos anos começam os seus contatos com o Padre Ernesto Balducci e o grupo da revista *Testimonianze*. Depois do Concílio Vaticano II, participa ativamente de vários "movimentos críticos" internos da Igreja Católica que acentuam o contraste com a autoridade eclesiástica. Privado do ensino universitário, intensifica a sua atividade de publicista e os seus contatos com o universo das comunidades cristãs de base e dos movimentos sociais, que o levam nos anos setenta, até a sua morte precoce, a ser um dos protagonistas culturais da realidade de Milão (a partir da sua colaboração com a "*Corsia dei Servi*" e os seus fundadores David Maria Turoldo e Camillo De Piaz, e depois na *Livraria Tadino*, quando do seu afastamento da Corsia pelas suas posições contrárias à revogação da lei sobre o divórcio). As suas áreas de interesse abraçam alguns dos temas mais atuais naqueles anos, do terrorismo às prisões, com uma abordagem bastante original.

De Abreu Dallari Dalmo (1931). É um jurista brasileiro formado na Faculdade de Direito da Universidade de

São Paulo. Em 1996, tornou-se professor UNESCO na cátedra de Educação para a Paz, Direitos Humanos, Democracia e Tolerância, criada na Universidade de São Paulo. Em 2001, publicou uma obra com o título *O futuro do Estado*, sobre o conceito de Estado Mundial, do mundo sem Estados, dos chamados Superestados, dos vários Estados do bem-estar. Colabora em qualidade de juiz com o Tribunal Permanente dos Povos.

De Sousa Luiza Erundina (1934) nasceu em Uiraúna, na Paraíba, Estado do Nordeste do Brasil. É uma política brasileira e foi a primeira mulher, de esquerda, a ser eleita Prefeita de São Paulo (1989-1993); atualmente é Deputada Federal pelo Estado de São Paulo no Partido Socialista Brasileiro. Após a graduação em ciências sociais se mudou para São Paulo (1971) para trabalhar como assistente social com os imigrantes do Nordeste do país, que povoavam as favelas da cidade. Em 1980, Luiz Inácio Lula da Silva, na época líder sindical, a convida para ser uma das fundadoras do Partido dos Trabalhadores (PT). Através de Lula, Luiza Erundina conhece Linda Bimbi e a Comunidade. Em 1996, Linda escreve um livro sobre ela: "*Sono Emigrante - Luiza Erundina si racconta a Linda Bimbi*" (Edizioni Gruppo Abele, Torino, primeira edição 1996. Publicado no Brasil pela Editora Brasiliense com o título *Uma Veia de Utopia – A trajetória de Luiza Erundina de Sousa.*) Desde os anos noventa, colabora como jurada no Tribunal Permanente dos Povos, do qual atualmente é vice-presidenta.

De Souza Martins José (1938). Escritor e sociólogo brasileiro, foi Professor do Departamento de Sociologia (hoje aposentado) e professor emérito (desde 2008) da Faculdade de Filosofia, Letras e Ciências Humanas da Universidade de São Paulo. Já professor, foi detido e fichado pela polícia política de São Paulo em 1966. Foi professor visitante da Universidade da Flórida (EUA) e da Universidade de Lisboa. Foi Professor da Universidade de Cambridge e *fellow* de Trinity Hall (1993-1994). Em 2002, foi nomeado representante *pro-bono* do Presidente da República Fernando Henrique Cardoso (do qual fora aluno na mesma Universidade de São Paulo), na comissão interministerial que preparou o Plano Nacional de "Erradicação do Trabalho Infantil e do Trabalho Escravo". Atuou nessa Comissão, que coordenou, de novembro de 2001 até dezembro de 2002, nomeado pelo Ministro da Justiça, no âmbito da Secretaria dos Direitos Humanos. Foi membro da Junta de Curadores do Fundo Voluntário da ONU contra as Formas Contemporâneas de Escravidão. Recebeu o Prêmio Érico Vannucci Mendes do Conselho Nacional de Desenvolvimeno Científico e Tecnológico e o Prêmio Florestan Fernandes da Sociedade Brasileira de Sociologia. Em 2015, foi eleito membro da Academia Paulista de Letras. Nos anos 1970 e 1980 dedicou-se extensamente à educação popular na região Amazônica, no Centro Oeste e na periferia de São Paulo. Na Universidade, instituiu o programa de aulas de rua para alunos do curso de Ciências Sociais. Entre seus vários livros: *O Cativeiro da Terra, Fronteira – A degradação do Outro nos confins do humano, Reforma Agrária: o Impossível Diálogo, A Sociabilidade do Homem Simples, A Sociedade Vista do Abismo*. Foi membro do Conselho da Fundação Internacional Lelio Basso pelo Direito e pela Libertação dos Povos. Colabora com o Tribunal Permanente dos Povos.

Della Morte Gabriele (1974). Nascido em Nápoles se formou em Direito. É professor associado de Direito Internacional e Direito da União Europeia e pesquisador em Direito Internacional na Faculdade de Direito da Universidade Católica de Milão. Encontra Linda e a Fundação Basso em 1998-1999 quando, ao terminar a carreira universitária, decide inscrever-se na Escola Napolitana de Direito dos Povos. Hoje colabora, como jurado, no Tribunal Permanente dos Povos.

Dorfman Vladimiro Ariel (1942), é um escritor argentino-chileno, dramaturgo, ensaísta, acadêmico e ativista de direitos humanos. Foi, de 1970 a 1973, conselheiro cultural de Salvador Allende e, depois do golpe que provocou a queda do governo, é obrigado a deixar o Chile. Atualmente é professor de Estudos Latino-Americanos nos Estados Unidos.

Drago Tonino (1938). A partir do final dos anos cinquenta, viveu durante muitos anos em Nápoles, apoiando o movimento não-violento, os *grupos espontâneos* da segunda metade dos anos sessenta e o movimento das escolas populares de bairro que, seguindo o exemplo da Escola de Barbiana de Don

Lorenzo Milani, havia se difundido nos bairros populares do centro histórico e da periferia da cidade. Docente de Física e Laboratório nos Institutos Técnicos Industriais em Nápoles, ensinou, também História da Física na Universidade Federico II, de Nápoles. Animador e colaborador da revista *Il tetto*, desde sempre comprometido com a educação para a paz e a não-violência. É docente de Estratégias da Defesa Popular Não-violenta de Pisa.

First Ruth (1925-1982). Socióloga e ativista antiapartheid sul-africana, participou, como "branca", do colégio de defesa no processo contra 156 ativistas acusados de traição contra o Estado, entre os quais estava Nelson Mandela. Forçada ao exílio, continuou a sua intensíssima atividade nos processos de libertação, colaborando também, como vice-presidente do Tribunal Permanente dos Povos, contribuindo especialmente em uma das sessões fundamentais, em Lisboa, sobre o Timor Leste. Foi assassinada por um pacote bomba, enviado por um dirigente da Polícia Sul-Africana, na Universidade de Maputo, em Moçambique, onde ensinava.

Forti Marina. Nasceu em Milão, jornalista, desde 1983 trabalhou durante muitos anos no cotidiano *Il Manifesto*, onde se ocupava de atualidade internacional, imigração e ambiente. Já diretor-chefe dos serviços para o exterior, viajou como enviada para o Irã, para o subcontinente indiano e o Sudeste Asiático. Pela revista *Terraterra* ganhou, em 1999, o prêmio "Jornalista do mês". Uma parte das suas reportagens Marina Forti as narrou no livro *La signora di Narmada, le lotte degli sfollati ambientali nel sud del mondo*, (2004) – *A senhora de Narmada, as lutas dos deslocados ambientais no sul do mundo* – pelo qual recebeu o prêmio Elsa Morante de comunicação em 2004, e no *Il cuore di tenebra dell'India. Inferno sotto il miracolo* (2012), – *O coração das trevas da Índia* – uma reportagem sobre o conflito social na Índia. Docente na escola de Jornalismo da Fundação Basso.

Foubert Henri-Charles (1943-1987). Missionário nas Filipinas, desde o final dos anos sessenta até o começo dos anos setenta, colaborou com o IDOC e foi um dos fundadores do INTERDOC, circuito telemático para conectar os centros de documentação do sul do mundo. Morreu em um acidente de carro em Serra Leoa, durante uma missão da FAO.

Fragoso Antônio (1920-2006). Foi bispo de Crateús, no Ceará, e teólogo brasileiro, que bem se identificou com as linhas do Concilio Vaticano II e com as perspectivas da Teologia da Libertação. Linda assim o descreve: "É um bispo identificado com o seu povo, o manifesta e o conscientiza e representa a primeira verdadeira rachadura na compactação sociológica do episcopado latino americano". Em Bimbi L., "I cristiani rivoluzionari in America Latina", in AAVV., *Marxismo, democrazia e diritto dei popoli*. Milano: Franco Angeli, 1979.

Fraudatario Simona (1980). Formada em línguas e literaturas estrangeiras em 2004, aproxima-se da Fundação Basso através de um estágio e de um período de serviço civil nacional. Colabora na qualidade de pesquisadora nas atividades da sessão internacional da Fundação Basso e, desde 2004, coordena, juntamente com Gianni Tognoni, o trabalho do Tribunal Permanente dos Povos.

Frei Betto (1944). Carlos Alberto Libânio Christo. Nascido em Belo Horizonte (Minas Gerais, Brasil), como frade da ordem dominicana realiza estudos de antropologia, filosofia e teologia. Encontra Linda no início dos anos sessenta, quando nas universidades e nos grupos da juventude católica se intensificam as mobilizações políticas. Betto, de fato, era na época militante da JEC (Juventude Estudantil Católica) e tornou-se um dos seguidores mais jovens e originais da Teologia da Libertação. Durante o período da ditadura militar no Brasil, é preso duas vezes, em 1964 e depois de 1969 a 1973. Jornalista e escritor, autor de mais de 50 livros, mantém uma atividade intensa nos movimentos populares, nas comunidades eclesiais de base e nas pastorais sociais da Igreja. Em 2003-2004 foi consultor especial do presidente brasileiro Lula e coordenador de mobilização social do programa Fome Zero. Em 2013, a UNESCO lhe concedeu o Prêmio Internacional José Martí como reconhecimento por seu trabalho como educador, escritor e teólogo, por sua oposição a todas as formas de discriminação, injustiça e exclusão e por sua obra de promoção de uma cultura de paz e direitos humanos na América Latina e no Caribe.

Freire Paulo (1921-1997). Pedagogo brasileiro e teórico da educação "como prática de liberdade", participa dos movimentos da teologia e da filosofia da libertação. Em 1946, foi nomeado diretor do Departamento de Educação e Cultura do Serviço Social no Estado de Pernambuco e, em 1961, diretor do Departamento para a Expansão Cultural da Universidade de Recife. Em 1962, teve a primeira oportunidade de aplicar de forma ampla suas teorias, quando 300 trabalhadores da cana-de-açúcar no município de Angicos (Rio Grande do Norte) aprendem a ler e escrever em 45 dias. Em resposta a esta experimentação, o governo brasileiro aprovou a criação de milhares de círculos culturais no país. Em 1964, o golpe militar pôs fim a este empreendimento: Freire foi preso por traição durante setenta dias. Depois de um breve exílio na Bolívia, trabalhou durante cinco anos no Chile, no Movimento Cristão Democrático de Reforma Agrária e em 1967 publicou o seu primeiro livro, *A educação como prática de liberdade*. Em 1968, publicou *A pedagogia dos oprimidos* e em 1969 lhe ofereceram um cargo como visiting professor na Universidade de Harvard. Depois de um ano, Freire se mudou para Genebra, na Suíça, para trabalhar como conselheiro educativo especial do Conselho Ecumênico das Igrejas.

É aqui – depois de terem fugido ambos da repressão do regime militar brasileiro – que encontrará Linda

Bimbi, que o convidará periodicamente a ir a Roma, em sua Comunidade, e que realizará a tradução para o italiano de três de suas obras fundamentais: *La pedagogia degli oppressi* (Mondadori, Milano, 1971); *L'educazione come pratica della libertà* (Mondadori, Milano, 1977); *Pedagogia in cammino. Lettere dalla Guinea Bissau* (Mondadori, Milano, 1979).

Gagliardi Hélio Márcio (1939) é um professor de ensino médio aposentado. Ensinou no Colégio Helena Guerra de Belo Horizonte de 1963 a 1966. Foi contratado como professor de cinema e esta foi sua primeira atividade profissional. Juntamente com Linda, fundou um cineclube à noite para as alunas do colégio, em que eram projetados filmes comprometidos política e socialmente, com a intenção de despertar nas alunas a crítica da realidade.

Gaja Giorgio (Lucerna, 1939). Jurista italiano, experto em direito internacional. Desde 1975, professor de direito na Universidade de Florença e membro da Comissão de Direito Internacional das Nações Unidas de 1999 a 2011.

Galeano Eduardo Hughes (1940-2015). Nascido em Montevideo, no Uruguai, foi jornalista, escritor, ensaísta, referência na historiografia (e na política de resistência) da América Latina com sua obra *As veias abertas da América Latina* reeditada mais de 30 vezes. Quando, em 1973, com o golpe de Estado, os militares tomaram o poder no Uruguai, Galeano foi obrigado a fugir. Estabeleceu-se na Argentina, onde fundou a revista cultural *Crisis*. Em 1976, depois do sanguinário golpe de Estado e o início do regime de Videla em Argentina, seu nome foi adicionado à lista dos condenados pelos "esquadrões da morte". Fugiu novamente, desta vez para a Espanha, onde escreveu a famosa trilogia *Memória do fogo* (*Memoria del Fuego*). No início de 1985, Galeano voltou para Montevideo, onde viveu até sua morte, com uma atividade intensa de escritor (suas obras estão todas traduzidas) e de conferências em nível internacional. Membro do júri do Tribunal Permanente dos Povos desde a sua fundação, realizou para as atividades da Liga Internacional pelos Direitos e a Libertação dos Povos e para diversas sentenças do Tribunal Permanente dos Povos, textos de síntese-encerramento, que são autênticos modelos de estilo literário e de síntese ao mesmo tempo didáticos e doutrinais.

Giraldo Moreno Javier (1944). Sacerdote jesuíta colombiano. Desde o começo, como padre em um bairro pobre de Bogotá, interessa-se pela defesa dos direitos humanos. Participou muito ativamente, desde a fundação na Liga Internacional pelos Direitos e a Libertação dos Povos e do Tribunal Permanente dos Povos, do qual é atualmente vice-presidente. Em 1988, funda a Comissão "Justiça e Paz", composta por 45 representantes de congregações religiosas católicas. De 1989 a 1991 coordena a importantíssima Sessão do Tribunal Permanente dos Povos sobre a impunidade e os crimes contra a humanidade na América Latina. Em 1997, recebeu o Premio John Humphrey pela Liberdade, em reconhecimento de seu desempenho na luta pelos direitos humanos.

Girardet Giorgio (1919-2011). De uma família protestante de origem francesa, em Roma se formou em Letras e Teologia na Faculdade Valdense. Durante a guerra ficou preso na Alemanha até 1945. Retomou o estudo de teologia em Zurique e no Instituto Ecumênico de Bossey, em Genebra. Consagrado pastor em 1947, diretor do Centro Ecumênico de Ágape de 1960 a 1966, em 1966 fundou em Roma o semanário de atualidade evangélica *Nuovi Tempi*, que em 1973 fundiu-se ao *Com*, jornal de dissenso católico, resultando na histórica revista ecumênica *Com Nuovi Tempi*, hoje *Confronti*.

Girardet Maria Sbaffi (1927-2011). Teve numerosos cargos na União das Igrejas Metodistas e Valdenses e na Federação das Igrejas Evangélicas na Itália (FCEI). De 1985 a 1991, dirigiu a agencia *Stampa NEV* e até finais dos anos oitenta foi secretaria geral do Centro de documentação IDOC.

Ippolito Franco (1946). Magistrado, é presidente de sessão e secretário geral da Corte de Cassação Italiana. Foi secretário nacional de *Magistratura Democrática*, presidente da Associação Nacional de Magistrados, membro do Conselho Superior do Judiciário e diretor geral da Organização Judiciária do Ministério da Justiça. A convite das Nações Unidas, dos governos, das cortes supremas de justiça e de associações de magistrados e juristas, realizou numerosas missões internacionais na Europa e na América Latina. Desde 2014, é Presidente do Tribunal Permanente dos Povos.

Joannes Vittorino (1931-2012). Frade menor, ordenado sacerdote em 1956. Depois de ter participado do Concilio Vaticano II na qualidade de especialista, trabalhou durante vinte anos no IDOC (Centro de documentação internacional e interconfessional) com cargos específicos vinculados às universidades e às realidades teológicas protestantes e ortodoxas. Durante os mesmos anos, colabora na revista internacional de teologia *Concilium*. Devido ao seu conhecimento de línguas antigas e modernas, começa uma intensa atividade de tradução, apresentação e publicação de livros de teologia em italiano, inglês, alemão, holandês, francês, português, espanhol e polonês para importantes editoras. Cabe destacar a sua participação na vida da "sociedade civil" italiana com uma série de publicações em *Nuovo Documento* (Mondadori); acompanha também as mais importantes lutas dos anos setenta. De grande relevância é a sua produção de documentação audiovisual crítica sobre a Terra Santa; a história comparada das religiões; o tempo de São Carlos; contribuições absolutamente originais à história da Idade Média, a sua "leitura ao público" de Bach, Beethoven, Tchaikovsky, Mahler, a partir dos seus contextos históricos e pessoais, com cursos semanais superlotados realizados durante 10 anos.

Joinet Louis (1934). Jurista francês entre os mais originais e produtivos, especialista independente do Comitê de Direitos Humanos da ONU. Consultor de François Mitterrand em 1981-1993, foi autor, em 1997, dos princípios contra a impunidade do Alto Comissariado para os Direitos Humanos da ONU, chamados exatamente "princípios Joinet". Em 2013, publicou suas memórias.

La Valle Raniero (Roma, 1931). Depois da graduação em direito, torna-se diretor de *Il Popolo* no final dos anos cinquenta, até quando, em 1961, é chamado a dirigir o *Avvenire d'Italia*, jornal católico de Bologna que, durante os anos do Concílio Vaticano II, se torna um dos mais prestigiosos órgãos de comunicação sobre o evento. Demite-se da direção do jornal em 1967, porém continua em suas atividades jornalísticas, realizando para a RAI documentários e pesquisas sobre temas da atualidade, com um olhar sempre direcionado aos temas da paz e da justiça internacional. Em 1976, é eleito parlamentar da esquerda independente, trabalha nas Comissões do Exterior e Defesa das duas Câmaras até 1992, em especial pela reforma da lei sobre a objeção de consciência. Boa parte do seu desempenho é direcionado a favor das populações oprimidas, seja nas instituições civis internacionais (é membro do Tribunal Permanente dos Povos), seja através das suas numerosas obras.

Marsan Veniero Ajmone (1918-2007) economista de Torino. Em 1946, é contratado pelo IRI (Instituto para a Reconstrução Industrial) para o Escritório de Estudos. Foi membro do grupo de especialistas da OIT (Organização Internacional do Trabalho), agência especializada das Nações Unidas para a promoção do respeito dos direitos dos trabalhadores.

Masina Ettore (1928) nasceu em Breno, em Val Camonica (BS). Desde 1952, começa a sua atividade de jornalista no *Il Giorno* do qual torna-se "vaticanista". Nesta função, mudou-se para Roma em 1964, onde acompanha o Concilio Vaticano II, publicando crônicas que permaneceram célebres na área da comunicação. Paulo VI – com o qual Masina tinha uma relação não somente estritamente profissional – o quis consigo na sua viagem para Israel. Naquela ocasião, ocorreu o encontro entre Masina e Paul Gauthier, um padre operário francês que vivia na Palestina, onde, como carpinteiro, havia começado uma especial experiência de solidariedade com os mais pobres. Juntos fundam a associação de solidariedade internacional "*Rete Radié Resch*", nome este de uma menina palestina que vivia em uma gruta em Belém, que morreu de pneumonia enquanto esperava um alojamento. Foi este o modo com que Masina respondeu ao apelo de Gauthier que o convidava a mudar sua perspectiva de vida e de compromisso como crente. Sempre como jornalista especialista em temas religiosos, a partir de 1969 colabora com a RAI e, em 1976, começa a conduzir o TG2. Em 1983, deixa a atividade jornalística pela política. Foi deputado da esquerda independente nas listas do Partido Comunista Italiano, durante diversos mandatos até 1992. Como parlamentar, se ocupou da Comissão Exterior e do Comitê Permanente para os Direitos Humanos. Depois da dissolução do PCI, foi membro da direção do PDS. Terminada sua atividade política, continua na sua obra de jornalista e de escritor, observador atento dos temas políticos e eclesiásticos e animador de debates culturais em toda a Itália.

Matarasso Leo (1911-1998). Advogado, desde sua participação no Julgamento de Nurembergue foi um dos mais coerentes e respeitados protagonistas, seja no nível doutrinal seja no de militância, das lutas pelos direitos humanos e dos povos. Teve um papel determinante, como advogado da Frente de Libertação Nacional argelina, e advogado do jornalista Henri Alleg, que denunciou as práticas de tortura na Argélia, no Norte da África. Participou do Tribunal Russell sobre o Vietnã, e colaborou estritamente com Lelio Basso no Tribunal Russell II sobre a América Latina, na formulação da Carta de Argel, na constituição do Tribunal Permanente dos Povos (do qual foi membro ativo em muitas das sessões-chave até os anos noventa), e na organização da Liga Internacional pelos Direitos e a Libertação dos Povos, do qual foi o primeiro (e durante anos decisivos) presidente e militante.

Mattelart Armand (1936), belga, sociólogo e teórico dos meios de comunicação. Participa nos movimentos da juventude católica sobre problemas dos países mais pobres. Em 1962, muda para o Chile, onde ensina

Sociologia na Universidade Católica e participa da fundação do *Centro de Estudios de la Realidad Nacional* de Jacques Chonchol, o qual será depois Ministro da Agricultura no governo de Salvador Allende. Depois do golpe de Estado do general Pinochet, deixou o Chile e atualmente vive na França. Dorfman e Mattelart, juntos, entre 1971 e 1972, publicaram o livro *Para leer el pato Donald*, (*How to Read Donald Duck: Imperialist Ideology in the Disney Comic*), que se tornou um best-seller crítico, censurado nos EUA, sobre o poder transnacional das multinacionais e da cultura de massa.

Menchú Rigoberta (1959) indígena e pacifista guatemalteca, foi testemunha chave, através da sua biografia-experiência (traduzida depois em um livro, *Mi chiamo Rigoberta Menchú*) na sessão do Tribunal Permanente dos Povos sobre a Guatemala, em 1983. Em 1992, recebeu o Prêmio Nobel da Paz em reconhecimento por seu compromisso com a justiça social e os direitos das populações indígenas.

Menesini Rolando (1926-2011). Nascido em Lucca, é ordenado sacerdote em 1950. Depois lhe são atribuídos alguns encargos na paróquia de Bicchio, uma fração de Viareggio. É aqui, que em colaboração com Don Sirio Politi, viveu a sua missão de presbítero junto aos grupos dos "padres operários".

Mongillo Dalmazio Antonio (1928-2005). Frade dominicano e teólogo, professor ordinário de teologia moral na Universidade Pontifícia San Tommaso de

Roma. É autor de numerosos artigos e livros sobre a relação entre fé e política e entre fé e moral. Os últimos cinco anos viveu em Bari, no Convento de San Nicola, onde lhe foi atribuído a função de Diretor do Instituto de Teologia Ecumênico-patriótico greco-bizantino.

Montinari Mazzino (1928-1986) foi aluno do Liceu "Machiavelli" e do professor Giorgio Colli e faz parte do "grupo de Lucca". Após a guerra, foi admitido na Escola Normal Superior de Pisa e se formou em 1949. Com a queda do fascismo, foi ativista do Partido Comunista Italiano, ocupando-se da tradução de textos do alemão. No final dos anos cinquenta, com Giorgio Colli, começou a preparar uma tradução italiana das obras de Nietzsche. Depois de ter revisado a coleção de obras e manuscritos de Weimar, Colli e Montinari decidiram começar uma nova versão crítica. Esta foi o *standard* para os estudiosos, e foi publicada em italiano pela Adelphi, e depois em francês, alemão e holandês.

Nesti Arnaldo (1932) faz os votos e se encontra envolvido na agitação de 1968 e no post-concílio. Vice-assistente da ACLI e professor de sociologia na Universidade Pontifícia de Roma, em 1967 defende a sua tese de doutorado sobre o pensamento religioso de Gramsci. Depois publica "*L'altra Chiesa in Italia*", livro fortemente atacado pelas autoridades eclesiásticas. Nesti se encontra em face do dilema de ter que escolher entre permanecer padre e curvar-se, ou enfrentar uma fase nova da vida. A oferta de trabalhar na revista IDOC Internazional de Roma e a oportunidade de ensinar sociologia na Universidade Estatal de Florença o levam a escolher a segunda direção.

Noronha Marcos Antonio (1924-1998). Seminarista em Belo Horizonte, sacerdote em Guaxupé e bispo em Itabira. Nos finais de 1970 – depois de ter sido vítima de calúnias infundadas - Noronha oficializa sua renúncia ao episcopado e, continuando sua missão educativa, se torna professor e diretor da Faculdade de Ciências e Letras de Guaxupé. Seis anos mais tarde muda para Belo Horizonte, onde se casa e assume funções importantes no Ministério da Educação e na Secretaria do Planejamento do Estado de Minas Gerais.

Paoli Arturo (1912-2015), nascido em Lucca, sacerdote da Congregação dos *Piccoli Fratelli del Vangelo*; é "Justo entre as nações" por ter salvo a vida de muitos hebreus perseguidos durante o nazi-fascismo, arriscando a própria vida. Ordenado em 1940, em 1949 é vice-assistente nacional da Juventude Católica; porém em 1954, devido a divergências com a hierarquia eclesiástica, foi afastado e nomeado como capelão de uma nave de emigrantes da Argentina. Aqui encontra um religioso dos *Piccoli Fratelli* e decide entrar na congregação. Devido a divergências com o Vaticano, em 1960 deixa a Itália para viver na Argentina. Passa 13 anos naquele país, até saber que está no rol dos condenados à morte do regime ditatorial; 12 anos na Venezuela e 20 no Brasil atuando como pregador e coordenador pastoral dos jovens da comunidade. É um dos promotores dos movimentos da Teologia da

Libertação nascidos na América Latina. Em 2006 volta novamente para a Itália, em Lucca, e passa a viver na Igreja de San Martino, em Vignole.

Pegna Vera (1934). Nascida na Alexandria do Egito, descende de uma antiga família judia fugida da Espanha para Livorno. De Livorno, os seus antepassados se mudam, nos inícios do Oitocentos para Alexandria do Egito. Formada em línguas estrangeiras em Genebra, é presidente da Fundação *Religions Free* e representante da Federação Humanista. Sua militância política e sindical a leva para a Sicília para colaborar, antes com Danilo Dolci e depois com o Partido Comunista. Por ocasião do Tribunal Russell sobre o Vietnã, se ofereceu para colaborar como intérprete, o que deu começo à sua vinculação com Lelio Basso sobre questões do Extremo (Comitê Vietnã), Médio e Próximo Oriente (direito dos povos palestinos).

Pérez Esquivel Adolfo (1931). Ativista católico argentino e escultor, desde o final dos anos sessenta se dedicou completamente à ação não violenta e à defesa dos direitos humanos e civis em qualquer lugar que estes fossem violados. Em 1971, participou da fundação do *Servicio paz y justicia en América Latina*, do qual de 1974 a 1986 foi coordenador geral. Sua ação se direcionou a todos os países da América Latina sujeitos a regimes militares; porém desde 1976, depois da ascensão do general Videla ao poder, dedicou-se especialmente à Argentina, com uma constante campanha para esclarecer o desaparecimento de milhares de adversários do regime, pela qual foi preso e torturado pelo regime (1977-78). Por suas atividades lhe foi atribuído, em 1977, o Prêmio João XXIII e, em 1980, o prêmio Nobel da Paz. Presidente da Liga Internacional pelos Direitos e a Libertação dos Povos (1987-2000), é autor de *Caminar... junto a los Pueblos* (1995), reflexão sobre as experiências não violentas praticadas no continente latino-americano. É atualmente membro do Tribunal Permanente dos Povos.

Poeta Sergio (1952). Crescido em países detrás da cortina de ferro, muda-se para a Itália com a família aos 12 anos de idade. Vive em Roma e trabalha como agente de viagens. Seu encontro com Lelio Basso e com Linda ocorre em 1973, nos tempos do Tribunal Russell II. Com apenas vinte anos, de volta de uma viagem solitária à América Latina, realizada depois de concluir o ensino médio, viagem que durou aproximadamente dois anos, se entusiasma com os acontecimentos do Tribunal Russell II e decide falar com Basso, oferecendo-se como colaborador dos trabalhos. Foi Linda quem pediu a Poeta para ir ao Brasil para tentar fazer uma reportagem fotográfica sobre trabalhos, em andamento naqueles anos, na Transamazônica. O vínculo de Poeta com a Fundação Basso começa então e, até 1982 a relação é cotidiana: Poeta colabora também na preparação das primeiras sessões do Tribunal Permanente dos Povos. Atualmente é membro do Conselho de Administração da Fundação Lelio e Lisli Basso ISSOCO.

Politi Sirio (1920-1988). Ordenado sacerdote em Lucca em 1943, torna-se pároco de Bargecchia, uma pequena cidade nas colinas detrás de Viareggio. Durante os dez anos de experiência paroquial, começa uma evolução, devido especialmente aos contatos que começara a ter com o movimento dos padres operários franceses e os *Piccoli Fratelli* e as *Piccole Sorelle di Gesù*. Em fevereiro de 1956, desce das colinas em direção ao mar seguindo o impulso de libertar-se de tudo, reduzir ao essencial o seu sacerdócio e mergulhar na realidade da Darsena (porto) de Viareggio, entre os pescadores e operários. Ali encontra para viver uma espécie de barraca na entrada da Darsena toscana que as autoridades portuárias lhe concedem, com o pacto de que ele construa uma capela e uma casa para ele. Nascerá, assim, a *Chiesetta del Porto*, pequena, branca, rodeada de verde, casa de um padre operário, o primeiro na Itália, que vinculará a sua sorte com igual paixão às lutas operarias e à busca espiritual.

Regidor José Ramos (1930). Teólogo espanhol salesiano, vive na Itália desde os anos setenta. Fazia parte do mesmo grupo de docentes salesianos, ao qual pertenciam também Giulio Girardi e Gerardo Lutte; juntos amadureceram escolhas de vida e de profissão de fé bastante radicais, saindo da ordem. Em 1973, começou a trabalhar no IDOC e a colaborar com a revista *Com-Nuovi Tempi*. É considerado um dos principais divulgadores na Itália da Teologia da Libertação. Entre suas obras mais importantes, *Il sacramento della penitenza* (1970), *Cristiani per il socialismo. Storia, problematica e prospettive* (1977), *Gesù e il risveglio degli oppressi* (1984) e *Campagna Nord-Sud. Dissenso sul mondo* (1992).

Rezende Maria Valeria (1942). Nasceu em Santos, São Paulo; é uma irmã da Congregação de Nossa Senhora – Cônegas Santo Agostinho – , educadora e escritora brasileira, desde sempre comprometida com a educação popular, sobretudo no âmbito rural. Atuou durante décadas no Nordeste do Brasil, em particular na Diocese de Guarabira, com Dom Marcelo Carvalheira, e em várias partes do mundo. Atualmente vive numa pequena comunidade de irmãs em João Pessoa, Paraíba, dedicando-se sobretudo à literatura infantil e para adultos. Ganhou vários prêmios literários, entre eles o Jabuti, em 2015. Amiga de Frei Betto, desde a época da militância nos movimentos de juventude da Ação Católica, foi ela que conseguiu fazer sair da prisão as cartas de Frei Betto e passá-las às mãos de Linda Bimbi para que fossem publicadas na Europa.

Rigaux François (1926-2013). Professor de direito internacional privado na Universidade de Lovaina, entrou como pessoa chave na história de Basso, Linda e da Fundação, participando de forma bastante ativa nas três sessões do Tribunal Russell II sobre a América Latina. Esteve entres os três autores finais da Declaração de Argel e foi muito ativo também na Liga dos Direitos dos Povos no nível internacional; foi presidente do TPP desde a sua fundação e presidente da secção internacional da Fundação Basso. Sua competência e originalidade jurídica, com um forte interesse pela história concreta e complexa dos povos, das culturas, das ideias, foi determinante no TPP, também através de uma participação intensa, uma absoluta coerência doutrinária e metodológica e ao mesmo tempo uma maior flexibilidade de análise e de perspectiva. Duas sentenças chaves na história do TPP, como aquela sobre a *A conquista da América e o Direito internacional* (1992) e sobre *As políticas do Fundo Monetário Internacional e sobre O Banco Mundial* (1988-1994) expressam de forma completa a sua inteligência e personalidade. Numerosas são as suas publicações acadêmicas. A última obra, com a originalidade e atualidade absoluta dos temas que trata (*Ordonnancements juridiques et conversion numérique*, Éditions Larcier, Bruxelles, 2014), diz, melhor do que qualquer outra, da sua capacidade de combinar competência com a curiosidade maior e livre por tudo o que suscita perguntas e requer respostas.

Scarcia Amoretti Biancamaria (1938). Nascida em Aosta, é uma orientalista e escritora italiana; professora emérita de estudos islâmicos na Sapienza de Roma e entre as máximas estudiosas da religião muçulmana, especialmente do Islã político. Desde 2012, é membro do Comitê Cientifico da revista *Geopolítica*.

Senese Salvatore (1935). Nascido em Tarsia (Cosenza), foi magistrado e também presidente da sessão do Tribunal de Cassação. Foi deputado na XI legislatura e senador na XII e XIII legislatura. Membro de várias comissões parlamentares. Quando jovem magistrado, conhece Lelio Basso no final dos anos sessenta participando dos congressos da Associação dos Magistrados. Desde então, começa entre os dois um diálogo bastante frutífero e Basso pede a Senese que colabore na preparação de um seminário que estava organizando no Chile junto com o Ministério da Justiça chileno. Durante este seminário, em janeiro de 1973, Lelio Basso pede a Senese que participe do projeto do Tribunal Russell II sobre crimes das ditaduras latino-americanas. Em seguida, participou da elaboração da Declaração Universal dos Direitos dos Povos, proclamada em Argel no dia 4 de julho de 1976. Foi presidente do Tribunal Permanente dos Povos de 2001 a 2013.

Tognoni Gianni (1941). Formado em medicina e cirurgia, depois dos estudos de filosofia e teologia; profissionalmente, sua atividade de pesquisa no âmbito farmacológico, clínico, epidemiológico, e de saúde pública se realiza no Laboratório de Farmacologia Clínica do Instituto de Pesquisa Farmacológicas "Mario Negri", em Milão. Desde 2001, é diretor do Consorcio Mario Negri Sud. Entrou em contrato com Lelio Basso e sua Fundação através de Linda, na fase de preparação do Tribunal Russell II sobre a América Latina. Foi em 1979, ano da sua Fundação, Secretário Geral do Tribunal Permanente dos Povos.

Tortora Fausto (1939). Nascido em Roma, é arquiteto, urbanista e pesquisador. Foi dirigente da

ACLI nacional, consultor do Ministério dos Trabalhos Públicos em matéria de planificação territorial e de 1973 a 1977 diretor do ISSOCO, na Fundação Basso. Desde 1978, foi pesquisador e formador na FIM-CISL, do qual depois foi secretário nacional. De 1988 a 2003, foi administrador único de uma sociedade ativa na promoção cultural e na recuperação/restauração de bens culturais. Atualmente é membro do Conselho de Administração da Fundação Lelio e Lisli Basso ISSOCO. Tortora encontra Linda nos escritórios da IDOC em 1971, logo após ter sido afastado, juntamente com outros, da ACLI nacional (Associazzioni Cristiane Lavoratori Italiani) depois do Congresso de Vallombrosa de 1970 e a "deploração" de Paolo VI sobre as orientações assumidas pela associação. O presidente da entidade havia levantado a tese de que a opção da entidade era indiscutivelmente anticapitalista e proposto a "hipótese do socialismo" como orientação. Tortora decide, então, fornecer à imprensa uma versão do ocorrido, alternativa àquela difundida pelos canais institucionais. Chega à redação do IDOC, após ter contatado vários jornais e revistas para a publicações dos artigos escritos sobre o assunto.

Turoldo David Maria (1916-1992). Foi um religioso e poeta italiano da Ordem dos Servos de Maria. Sacerdote desde 1940, mudou para Milão, para o convento de Santa Maria dos Servos em San Carlo al Corso. Durante a ocupação nazista de Milão (8 setembro 1943-25 abril 1945) colabora ativamente com a resistência antifascista. O seu desempenho se traduz na fundação, com frade Camillo De Piaz, do centro cultural *Corsia dei Servi* (o antigo nome da estrada que do convento dos servitas conduzia ao Duomo), dedicado a aprofundar os problemas da atualidade, italianos e internacionais, e das dinâmicas que foram transformando a cidade. Foi um dos principais apoiadores do projeto *Nomadelfia*, a aldeia que nasceu para receber os órfãos de guerra "com a fraternidade como única lei", fundado por padre Zeno Saltini no ex-campo de concentração de Fossoli em Carpi e, por este motivo, por ordem do Santo Ofício foi afastado da Itália durante três anos. Reinserido oficialmente somente em 1964, lhe são atribuídas funções antes em Florença, onde cultivava a amizade com La Pira, depois em Udine e em Sotto il Monte e, finalmente, em Milão. Desde 1973, quando Lelio Basso o convida para fazer parte do Comitê de apoio ao Tribunal Russell II, a sua relação com a Fundação Basso, com o Tribunal Permanente dos Povos, e especialmente com Linda e a sua comunidade, foi permanente e intensa.

Umaña Mendoza Eduardo (1946-1998). Foi advogado, intelectual, professor, humanista e corajoso defensor dos pobres na Colômbia, desempenhando um papel fundamental na sessão do Tribunal Permanente dos Povos sobre a impunidade na América Latina. Diversas vezes ameaçado de morte, costumava dizer "É melhor morrer por alguém do que viver por nada". Justamente pela sua intensa atividade de sensibilizar e de denunciar, também fora das fronteiras do seu país, foi assassinado por grupos paramilitares.

Wasim Dahmash Abdul Karim, representante da OLP na Itália e desde 2006 docente de língua e literatura árabe na Faculdade de Línguas e Literaturas Estrangeiras da Universidade de Cagliari, amigo e discípulo de Abdel Wael Zuaiter, assassinado em Roma pelo Mossad, no dia 16 de setembro de 1972.

Zarri Adriana (1919-2010) foi uma teóloga, jornalista e escritora italiana. Colaborou em muitos jornais católicos (*L'Osservatore Romano, Rocca, Studium, Politica oggi, Sette Giorni, Il Regno, Concilium, Servitium e Adista*) e leigos: *Avvenimenti* (na parte intitulada *Diario inutile*), *MicroMega, Il Manifesto* (na parte dominical, *Parabole*). Viveu durante muito tempo em Roma, despois, desde 1975, optou por ser eremita.

5. Os textos de Linda

Bimbi L., *Dai sotterranei della storia*, Mondadori, Milano, 1971.

Bimbi L., *Dal Nordest a Barbiana: proposta per una "cultura alternativa"*. Prefazione all'edizione italiana di Freire P., La pedagogia degli oppressi, Mondadori, Milano, 1971.

Bimbi L., *I rischi della coscientizzazione (autocritica di Paulo Freire)*, pubblicato su IDOC-internazionale, 10 maggio 1972.

Bimbi L., (org.), *Tribunale Russell II. Brasile, violazione dei diritti dell'uomo*, Feltrinelli, Milano, 1975.

Bimbi L., (org.), *Complicità o resistenza? La Chiesa in America Latina*, Cittadella Edizioni, 1976.

Bimbi L., intervista rilasciata a "Il Buratto", Aprile-Maggio 1976.

Bimbi L., *I cristiani rivoluzionari in America Latina*, in Aa.Vv. (a cura di), *Marxismo, Democrazia e Diritto dei Popoli*, Franco Angeli, Milano, 1979.

Bimbi L., dall'intervento al Convegno "*Per ricordare Lelio Basso*" a San Marino nel Febbraio 1981, in *Scritti inediti*. Raccolta di scritti, appunti, articoli di Linda Bimbi, 1990.

Bimbi L., *Relazione introduttiva alla "Prima giornata di studio sui Nuovi Soggetti Storici"*, Roma 11 dicembre 1981, in *Scritti inediti.* Raccolta di scritti, appunti, articoli di Linda Bimbi, 1990.

Bimbi L. e La Valle R., *Marianella e i suoi fratelli: una storia latinoamericana*, Feltrinelli-Presenze, Milano, 1983; ristampato da Edizioni ICONE-Strumenti di Pace/CIPAX nel 2007.

Bimbi L., Intervento al Convegno della Rete Radiè Resh, Rimini 31 marzo 1984, in. *Scritti inediti.* Raccolta di scritti, appunti, articoli di Linda Bimbi, 1990.

Bimbi L., *Scelta di campo. Metodo di lavoro di Lelio Basso*, intervento alla Festa dell'Unità-Roma, 3 settembre 1984, in *Scritti inediti.* Raccolta di scritti, appunti, articoli di Linda Bimbi, 1990.

Bimbi L. Presentazione del libro *Scritti sul cristianesimo* a Roma nel febbraio 1985, in *Scritti inediti.* Raccolta di scritti, appunti, articoli di Linda Bimbi, 1990.

Bimbi L., La *Fondazione come laboratorio collettivo, in Diritti dei Popoli*, Novembre 1985, in *Scritti inediti.* Raccolta di scritti, appunti, articoli di Linda Bimbi, 1990.

Bimbi L., Intervento alle giornate di studio su *Pace e Diritto dei Popoli*, a Perugia nel Dicembre del 1986, in. *Scritti inediti.* Raccolta di scritti, appunti, articoli di Linda Bimbi, 1990.

Bimbi L., Intervista a Linda Bimbi sul percorso di Lelio, in *Diritti dei Popoli* (gennaio-marzo 1989), in *Scritti inediti.* Raccolta di scritti, appunti, articoli di Linda Bimbi, 1990.

Bimbi L., *Lettere a un amico. Cronache di liberazione al femminile plurale*, Marietti, Genova, 1990.

Bimbi L., *Scritti inediti.* Raccolta di scritti, appunti, articoli di Linda Bimbi, 1990.

Bimbi L, *Sono emigrante. Luiza Erundina si racconta a Linda Bimbi*, Edizioni Gruppo Abele, Torino, 1996.

Bimbi L., intervento ad un Convegno a Lucca nell'ottobre 1997.

Bimbi L. (a cura di), *Not in my name. Guerra e diritti*, Editori Riuniti, Roma, 2003.

Bimbi L., e Tognoni G., *La tortura oggi nel mondo*, Edup, Roma, 2006.

Bimbi L., *Le scelte di metodo di Lelio Basso: tra rigore scientifico e militanza internazionale*, in Mulas A. (a cura di), *Lelio Basso: la ricerca dell'utopia concreta*, Edup, Roma, 2006.

Bimbi L., *Il filo rosso*, in Aa.Vv, *Lelio Basso*, Edizioni Punto Rosso, Milano, 2012.

Posfácio

Sergio Poeta

Quem trabalhou com Linda ou quem conviveu com ela, mesmo que somente ocasionalmente, terá reconhecido na narrativa destas páginas duas das suas características essenciais: a firme determinação em perseguir valores éticos e políticos, e a timidez, o quase pudor, em extrair paradigmas dos acontecimentos grandes e pequenos que ela atravessou. É uma narração, a sua, na ponta dos pés, que se conta com leveza (*levitas*), para que não seja pesada ao interlocutor.

É uma característica, aquela de narrar em voz baixa, comum a diversas narrações biográficas publicadas nestes anos pelos últimos protagonistas da geração de italianos que viveu a Segunda Guerra Mundial ao redor dos quinze/vinte anos, e ali amadureceu a consciência do valor da liberdade individual e da participação política.

É um caleidoscópio de testemunhos, em que se acendem de cores vivas especialmente aqueles acontecimentos e paisagens que a cada protagonista, por uma razão ou por outra, interessa ressaltar. Falam para as gerações mais jovens. Porém com leveza, exatamente, sem carregar de significados a narração. Sem impor interpretações, sem forçar. Como a dizer, julguem vocês, decidam vocês que valor tem.

Legítimo, sem dúvida, e também envolvente. Mas talvez, para nós que queremos continuar, não suficiente. Para entender se, entrelaçadas às crônicas há mensagens para decifrar, que possam servir, deveríamos, então, ler nas entrelinhas. Talvez sejamos nós os que possamos tentar identificar os paradigmas que guiaram Linda. Assumindo a responsabilidade da interpretação. Vou tentar, então, fazer algumas reflexões.

Começo, primeiro, com aqueles meses de 1968, em que Linda e suas companheiras decidem abandonar a congregação. Não é somente uma rejeição da hierarquia, uma recusa a uniformar-se a um poder surdo, que não as quis nem sequer escutar. O que perseguem, Linda o define como a exigência de "não aparecer", de "misturar-se às pessoas", de "ser humanos juntos a outros humanos". Desde aquele momento, não participará mais da pastoral, nunca mais terá ao seu lado, ou estará ao lado de um sacerdote, enquanto realiza o próprio, codificado (Can. 519), papel de condutor de pessoas. Linda e suas irmãs, de agora em diante suas companheiras, descem um degrau e se colocam no mesmo plano daqueles que, até aquele momento, a Igreja havia pedido a elas que ajudassem a conduzir. Serão, daqui em diante, somente pessoas entre as pessoas, como diriam elas. E só.

Não está claro na narrativa se isto ocorre principalmente pela onda de choque da mensagem de Medellín, pela consolidação da Teologia da Libertação, ou se a práxis cotidiana de quase quinze anos passados no trabalho com jovens e com cristãos de base de Minas Gerais tivesse irreversivelmente plasmado ela, Lelena e as irmãs. Provavelmente foi uma sobreposição das duas coisas, tanto foram unívocas e coincidentes.

O resultado foi, entretanto, fenomenal, e foi um fenômeno raro. Foi a descida em grupo da cátedra, foi a renúncia ao *praeceptum*, à transmissão de verdade. Definitivamente, foi a renúncia ao proselitismo, e a trezentos e sessenta graus, até em relação ao futuro da própria nova comunidade leiga. Uma comunidade, aquela de Linda, que, na verdade, não se irá prolongar, que no mesmo momento em que se formou decidiu que se extinguiria. Quase mortal entre os mortais. A renúncia, portanto, àquele proselitismo que, em muitas suas formas, constitui uma coluna não tanto da doutrina, mas da história do Cristianismo, e que frequentemente representou uma interpretação nefasta do *evanghelion*, contaminando uma grande parte da cultura ocidental, e não só.

A renúncia de Linda e das suas companheiras é a sublimação do livre e franco testemunho, a interpretação do *evanghelion como instrumento espiritual de testemunho*, e não como instrumento de testemunho espiritual. É a espiritualidade do instrumento que conta, sem a qual o anúncio destoa. Um instrumento interior, oposto àquela arma divina empunhada para um mal-entendido bom propósito (*malinteso fin di bene*), que com tanta frequência apareceu na história.

A dialética, a coexistência, a compenetração de idéias – entre quem não crê, como Lelio Basso, ou como eu, e quem crê, como Linda – o diálogo e a tolerância verdadeiros, são possíveis somente entre mulheres e homens que não consideram os outros como prosélitos potenciais ou dormentes, mas iguais. Entre as pessoas capazes de comunicar em dois planos diferentes: o espiritual, com quem tem o *radar*, como eu dizia a Linda brincando, e o exclusivamente intelectual, com quem nunca quis comprar o *radar*...

Entre os crentes da galeria de personagens citados nestas páginas, nem todos são igualmente abertos a esta praxe. E não o são, é importante dizer, tampouco alguns dos não crentes. Rossana Rossanda uma vez escreveu sobre a "paixão religiosa" de alguns ateus, uma paixão que conduz frequentemente a uma inconsciente reticência em relação àqueles com o *radar*, a uma incomunicabilidade, se assim posso dizer. Certamente a alguns níveis de surdez cultural. Linda, do seu lado, esta reticência nunca a teve, não sabe o que é. E não é pouco.

Com Linda, eu (e antes, mais do que eu, Lelio, tenho certeza) tive intermináveis conversações, em cada circunstância, também noturnas, durante longos trajetos de carro, sentados esperando um avião que não saía, afundados durante horas nos sofás de um hall de um pequeno hotel, enquanto murmurava uma fotocopiadora ou um mimeógrafo, fechados no seu escritório na Fundação, separados do mundo pelo vazio pneumático de uma sala de reuniões vazia. Conversações sobre tudo, sobre temas mais diversos, inclusive sobre o sexo uma vez. O meu, não o seu, obviamente. Nunca, nem por um instante, percebi a mínima, mesmo somente subliminal, intenção de passar para mim uma verdade espiritual, ideológica ou política. Porque, é bom notar isso, a prática da dialética, forjada e consolidada da missionária, da religiosa, Linda a transpassou na política.

Um gigante, em suma, um monumento à tolerância, ao diálogo e ao respeito. Uma inovadora corajosa. Uma teórica, talvez inconsciente dos dois planos de comunicações descritos acima.

Se somente um dos milhares de escoteiros, ou de jovens adeptos às associações públicas de fiéis que a Igreja organiza (Can. 312) e que passam estrondosamente debaixo da minha casa às quartas-feiras e aos domingos em marcha triunfal em direção a São Pedro, tivesse conhecimento...

No mesmo âmbito, menos relevante para mim, – mas talvez não para quem conhece melhor o mundo missionário e das congregações religiosas, especialmente naquele que então se chamava Terceiro Mundo – , é o significado peculiar da abordagem de Linda e das suas companheiras à vida comunitária marcada por regras espirituais.

Movida, pela fé e pelo instinto de ajudar os outros, a decisão que tomou com pouco mais de vinte e cinco anos, de retirar-se em uma comunidade, em uma congregação religiosa, foi uma escolha a que nunca mais irá renunciar. A comunidade se transformará, arrastada pelos eventos e pelas pessoas, se tornará algo bastante diferente, mas permanecerá comunidade.

Retirar-se, recuar-se dos outros, não é coisa de hoje. Nem é uma característica original do Cristianismo. Afastar-se para encontrar inspiração, transcender, mas também refletir, amadurecer, criar, é uma escolha de vida que evoluiu nos séculos, pelo menos do orfismo e do pitagorismo em diante.

O anacoretismo oriental, interpretado pelos primeiros monges cristãos, por São Paulo de Tebes ou por Santo Antônio Abate, foi por alguns séculos quase a única forma de monaquismo, aquele de indivíduos, isolados do mundo. Depois, no sexto século foi varrido por São Bento que revolucionou a abordagem, expandindo-o no retiro em comunidade (o cenobitismo, a agregação de monges, até aquele momento um costume menos comum), e impondo uma regra com um *dehors*, como eu costumo chamar, o *labora, a inovadora propensão à interação com o exterior, com o mundo dos outros.* Assim começa, em grande escala, a vida em comunidade ritmada por uma regra espiritual, uma pedra miliar da civilização ocidental, que sucessivamente foi evoluindo e se adaptando aos tempos, conotando-se época atrás de época, sem nunca mais desengajar-se da história.

Hoje, quando o monaquismo está em declínio, pelo menos no plano dos números, são muitas as comunidades nascidas por iniciativa de ex-religiosos. Entre aquelas que tive a oportunidade de encontrar no tempo, quase todas formadas nos anos Sessenta e Setenta, quando se afrouxou o aperto pré-conciliar, nenhuma a longo prazo manteve uma regra. Aquelas que conheço, por definição se *desregulamentaram*, digamos assim. Aquela de Linda, não.

As regras da sua comunidade leiga não são mais, obviamente, aquelas das Oblatas do Espírito Santo, mas a cadência espiritual se manteve. Como se a dialética, a matriz daquela tolerância mencionada acima, fosse temperada pelo viver em comunidade e com uma prática espiritual, mesmo se não codificada. Uma prática que permitiu, por exemplo, de perpetuar o costume, iniciado no Brasil nos anos cinquenta, de debater o cotidiano, de intercambiar sistematicamente as experiências, de abrir-se a terceiros como grupo, não somente como individualidade.

Aquele da comunidade de Linda e das suas companheiras é um método peculiar de cultivar o intelecto. Acredito que nenhuma delas se declararia uma intelectual. Contudo, hoje, que todas caminham para a terceira idade, demonstram ter mantido vivíssima aquela consciência ética e aquela tensão para a *polis* temperadas nos anos. Instrumentos virtuosos, que uma dona de casa ou um aposentado, – frequentemente abandonados à solidão, no isolamento a que são relegados pela escassez das relações sociais de hoje – , dificilmente conseguem manter; e com o passar do tempo desbotam também nos hábitos repetitivos da maioria dos religiosos reclusos nas ordens.

Será, no seu pequeno, a comunidade de Linda e das suas companheiras, uma inovação contemporânea? Uma das conotações do viver em comunidade na nossa época? Talvez não propriamente uma nova pedra miliar, talvez somente um enxerto, porém significativo. Digno de emulação. Me pergunto: para quem crê, existe um nexo entre tolerância, capacidade de interagir sobre planos diferentes, e refúgio na regra? São talvez mais tolerantes aqueles que, em comunidade, sabem viver com ritmo uma consciência cívica e uma espiritualidade compartilhadas? Não é um quesito secundário, nesta contemporaneidade de integralistas, muçulmanos, israelitas, cristãos... e ateus apaixonados.

No âmbito estritamente político, os acontecimentos de Linda retomam, de certa forma, aquelas de algumas gerações de europeus que, entre os anos cinquenta e sessenta, tropeçam de repente na miséria dos não europeus, na pobreza do Terceiro Mundo. O acesso aos meios de transporte e o expandir-se das comunicações de massa, após a segunda guerra, tornam possíveis contatos e velocidade de relações antes impensáveis.

Uma porção do mundo que Marx havia quase ignorado, torna-se repentinamente esmagadora.

A miséria do resto mundo surge na mais ampla consciência europeia em uma época histórica, em que para nós a escalada do bem-estar, o rápido melhoramento das condições materiais da massa de cidadãos e a escolarização universal forjam um otimismo ontológico e conceitual ofuscante. Não que a miséria não prosperasse aqui. Como naqueles mesmos anos havia entendido padre Milani entre as suas crianças descalças da civilíssima Toscana. Ernesto De Martino nos anos cinquenta, como antropólogo, havia coletado um imenso inventário da nossa cultura popular cinzelado pela miséria. No chamado segundo mundo, no socialismo real, de privações e pobreza estava cheia a cotidianidade. Posso bem dizer eu que em 1959 estava na China e em 1963, em Praga, sonhando bifes e bananas como se fossem dobrões de ouro do tio Patinhas.

Mas a América Latina de 1954 era uma outra coisa. Pude testemunhá-lo quando lá desembarquei em 1971. A miséria parecia bombeada a pressão, na vida material e até dentro dos pensamentos, sentimentos, desejos. Era uma miséria viva, que transpirava raiva ou resignação. A diferença da miséria que conhecíamos na Europa era como aquela entre uma chuvarada e uma enchente. Não por nada Guevara, em uma longa viagem em motocicleta através do continente, entre os leprosos da

Amazônia e os minadores do Chile, amadureceu um ideal, aliás uma obsessão.

A medida das desigualdades que impressionou Linda, não era somente quase sem fundo, mas sobretudo era compreensível, inteligível e, portanto, mais penetrante. Era expressa em português, uma língua facilmente assimilável, não em hindi, mandarim ou suaíli como para as missionárias que se encontravam em outros continentes. E era sofrida e relatada por meninas que tinham um background cultural parecido ao seu, pelo menos no plano da fé religiosa, talvez não só isso. De Lucca a Cássia, Minas Gerais, e depois em Macapá, nas margens setentrionais do delta do Rio Amazonas: deve ter sido como um salto de trampolim, a olhos abertos e de cabeça, em uma piscina vazia. Uma colisão que toca os sentidos e o cérebro que, se não te mata, coloca em marcha a vontade, desperta o natural sentido político que existe em nós.

A política é aquele processo de participação, que emana das exigências da sociedade civil. Não como hoje com demasiada frequência se entende, a administração daquelas exigências por parte de uma classe dirigente, por quanto democraticamente eleita. Para ser politicamente envolvidos ocorre, portanto, assumir a responsabilidade (*affacciarsi*), ler e entender os fermentos da cidadania, daquela ativa e daquela passiva, imobilizada pela história. Linda se debruçou, leu e entendeu.

Meio século depois, qual estímulo é ainda capaz de empurrar-nos a tomar partido politicamente com os mais frágeis? Não será que as misérias do mundo são atualmente demasiado exóticas para nós cidadãos da União Europeia? Que as desigualdades, inclusive as na nossa casa, mais profundas hoje que vinte anos atrás, não as lemos mais, não as percebemos mais como cortantes?

Não será que a pouca comunicação com os estratos da nossa sociedade que estão empobrecendo, nos estão deixando surdos? Que a sintaxe cultural que nos separa de Birmanos, Afegãos, Palestinos, Chineses das fábricas infernais de Chongqing, ou dos Indianos de Bophal, faz com que seja mais difícil compartilhar uma luta política justa? E, portanto, talvez hoje, para solidarizar com os últimos do mundo, para fazer política no plano global, universal, ocorre ir mais além, equiparmos com mais sofisticados instrumentos de compreensão para decifrar as mais complexas culturas políticas dos outros, se não queremos arriscar permanecer aprisionados na centralidade do Ocidente, ou, pior, na exportação da democracia com os drones.

Por fim, em uma passagem, no início da narrativa, Linda fala das suas origens "iluministas". Não tenho certeza do que ela quer dizer. A verdade é que hoje se debate bastante sobre os valores do Iluminismo, em contraste com o nacionalismo, o localismo de matriz do século XIX e prevalentemente alemã. Cito Sergio

Luzzatto: a idéia "iluminista [...] era fundada exatamente sobre a rejeição do que hoje se define "identidade", e/ou "comunidade", a colagem da Nação. [Os iluministas] promoviam a causa não do comunitarismo, mas do universalismo. Não de uma sociedade entendida como corpo, organismo vivente, mas de uma sociedade entendida como conjunto aritmético, somatória de cidadãos. Não de uma autoridade fundada em Deus, isto é, sobre o sacro, mas de uma autoridade fundada sobre a democracia, isto é, sobre o profano. Não de um indivíduo definido por aquilo que o separa [as fronteiras linguísticas, geográficas, culturais, *ndr*], mas de um indivíduo definido por aquilo que o une aos outros seres humanos [os direitos, *ndr*]. [No Iluminismo] estão os fundamentos de uma moderna ideologia dos direitos do homem: as origens profundas da aposta... de um indivíduo autônomo e maduro, livre de qualquer dependência confessional, construtor de um seu (por quanto complicado) destino de progresso".

Omitindo momentaneamente Marx e a influência marxiana que sobre Linda pode ter tido a estreita relação com Lelio Basso, talvez bastem as suas origens iluministas, como ela afirma, para explicar a inspiração universal, a independência confessional, o compromisso pela autonomia dos seres humanos. É isto que Linda nos quer passar?

Para concluir: espiritualidade sem prosélitos; vida comunitária como pulmão de tolerância e motor de relação com os outros; compromisso para a compreensão da linguagem e da cultura dos mais fracos como fundamento da solidariedade política para a emancipação das desigualdades; e universalismo social, como valor mais antigo ainda daqueles das lutas que apoiamos no Novecentos. Quatro mensagens que leio nas entrelinhas da história de Linda e que, mesmo que surjam na superfície parcialmente, me parecem inervar a sua muito envolvente narrativa.

Bibliografia

Aa.Vv., *Educar para a compromisso com a história*, 1967.

Aa.Vv., *Tribunale Russell II. Controrivoluzione in America Latina*, La Pietra, Milano, 1976.

Edição brasileira: *Contrarrevolução na América Latina*. Subversão militar e instrumentalização dos sindicatos, da cultura, das igrejas. Tribunal Russell II. Reedição do original italiano de 1976, organizado por Giuseppe Tosi e Lúcia de Fátima Guerra Ferreira. João Pessoa: Editora da UFPB, 2014.

Aa.Vv., *Tribunale Russell II. Le multinazionali in America Latina*. Coines Edizioni, Roma, 1975.

Edição brasileira: A*s Multinacionais na América Latina*. Tribunal Russell II. Reedição do original italiano de 1975, organizado por Giuseppe Tosi e Lúcia de Fátima Guerra Ferreira. João Pessoa: Editora da UFPB, 2014.

Aa.Vv., *Cile, Bolivia, Uruguay: violazione dei diritti dell'uomo*. Atti della prima sessione del Tribunale Russell II, Marsilio, Venezia-Padova, 1975.

Edição brasileira: *Chile, Bolívia e Uruguai*. Atas da Primeira Sessão do Tribunal Russell II. Reedição do original italiano de 1975, organizado por Giuseppe Tosi e Lúcia de Fátima Guerra Ferreira. João Pessoa: Editora da UFPB, 2014.

Aa.Vv. *Tribunale Russell II. Brasile, violazione dei diritti umani*. Giangiacomo Feltrinelli, Milano, 1975. Edição brasileira: *Brasil, violação dos direitos humanos*. Tribunal Russell II. Reedição do original italiano de 1975, organizado por Giuseppe Tosi e Lúcia de Fátima Guerra Ferreira. João Pessoa: Editora da UFPB, 2014.

Aa.Vv., *Lelio Basso*, Edizioni Punto Rosso, Milano, 2012.

Basso L., Discorso inaugurale alla prima sessione del Tribunale Russell II, in *Cile, Bolivia, Uruguay: violazione dei diritti dell'uomo*. Atti della prima sessione del Tribunale Russell II, Marsilio, Venezia-Padova, 1975.

Basso L., *Appello contro la tortura*, in *Corriere della Sera*, 11 ottobre 1976.

Basso L., *Le radici*, in Tognoni G., *Il Tribunale Permanente dei Popoli e la violazione dei diritti dei bambini*, in Cavallo M. (a cura di), *Lavoratori eccellenti. Piccoli schiavi di una economia perversa*, Franco Angeli, Milano, 2000.

Basso L., *I ribelli dell'Amiata. La democrazia davanti ai giudici*, Edizioni Gruppo Abele, Torino, 2013.

Daniela e Letizia, *Un lungo cammino alla ricerca della liberazione, in Servitium - quaderni di spiritualità*, anno 1986 n. 47, serie III, Marietti.

Dalla difesa dei "diritti dell'uomo" alla difesa dei "diritti dei popoli". Il Tribunale Russell II, in Il Lavoratore, 14 dicembre 1974.

Freire P., *La pedagogia degli oppressi*, Mondadori, Milano, 1971, ora Edizioni Gruppo Abele, Torino, 2011.

Fondo "Fondazione Internazionale Lelio Basso per il Diritto e la Liberazione dei Popoli" dell'Archivio della Fondazione Lelio e Lisli Basso-ISSOCO. Serie: *Conferenza internazionale di Algeri (1-4 luglio 1976) – Dichiarazione Universale dei Diritti dei Popoli e Serie: Amnistia in Brasile, 11/1978- 07/1979.*

Fondo "Tribunale Russell II per la repressione in Brasile, Cile e America Latina" dell'Archivio della Fondazione Lelio e Lisli Basso-ISSOCO. Serie: Corrispondenza, 1972-1976; Serie: *Organizzazione Tribunale Russell II, 01/1970 – 04/1976; Serie: Documentazione delle Sessioni, 01/1973- 01/1976; Serie: Stampa, 03/1964 – 07/1978; Serie: Multimediale, 03/1974 – 01/1976; Appendice: Documenti provenienti da altri archivi.*

Fondo "Tribunale Permanente dei Popoli" dell'Archivio della Fondazione Lelio e Lisli Basso-ISSOCO. Partizione I: *Organizzazione, 1979-2000; Partizione II: Sessioni 1979-2000.*

IDOC-internazionale, numero 10 anno terzo, maggio 1972.

IDOC-internazionale, numero 2 anno quarto, gennaio 1973.

IDOC-internazionale, numero 4 anno quarto, febbraio 1973.

IDOC-internazionale, numero 17-18 anno quarto, ottobre 1973.

IDOC-internazionale, numero 9 anno quinto, maggio 1974.

ISSOCO (a cura di), *Le multinazionali in America Latina*, Coines, Roma, 1976.

Masina E., *L'arcivescovo deve morire. Oscar Romero e il suo popolo*, Il Margine, Trento, 2011.

Mulas A. (a cura di), *Lelio Basso: la ricerca dell'utopia concreta*, Edup, Roma, 2006.

Paoli A., *Cent'anni di fraternità*, Chiarelettere, Milano, 2013.

Perrini M. (a cura di), *A Diogneto. Alle sorgenti dell'esistenza cristiana*, La Scuola, Brescia, 1984.

Preziosi G., *Resistenza non armata, in Osservatore Romano*, 9 settembre 2012.

Scatena S., *In populo pauperum. La Chiesa latinoamericana dal Concilio a Medellin 1962-1968*, Il Mulino, Bologna, 2008.

Tognoni G. (a cura di), *Tribunale Permanente dei Popoli. Le sentenze 1979-1991*, Fondazione Internazionale Lelio Basso per il Diritto e la Liberazione dei Popoli, Nuova cultura, Verona, 1992.

Tognoni G., *Il Tribunale Permanente dei Popoli e la violazione dei diritti dei bambini*, in Cavallo M. (a cura di.), *Lavoratori eccellenti. Piccoli schiavi di una economia perversa*, Franco Angeli, Milano, 2000.

Rigaux F., *La Carta di Algeri*, Edizioni della pace, Fiesole (FI) 1988.

Rigaux F., *I diritti dei popoli e la Carta di Algeri*, Edizioni Gruppo Abele, Torino, 2012.

Imagens de uma história

1938: Linda Bimbi com seus pais.

1966: Alunas do Colégio Helena Guerra diante da escola.

1966: Alunas do Colégio na capela.

1967: O Mestre. Linda entrevista um idoso em Macapá.

Eldorado, 5 de abril de 1969: memória de um começo. A escolha de não manter nenhum vínculo jurídico com a Igreja.

1970: Linda e Maria Elena em Éfeso.

1971: Linda com os colegas do IDOC na Piazza Navona, em Roma.

1971: Lições a céu aberto, em Eldorado.

1974: Linda e Lelio Basso em Val Masino (Valtellina).

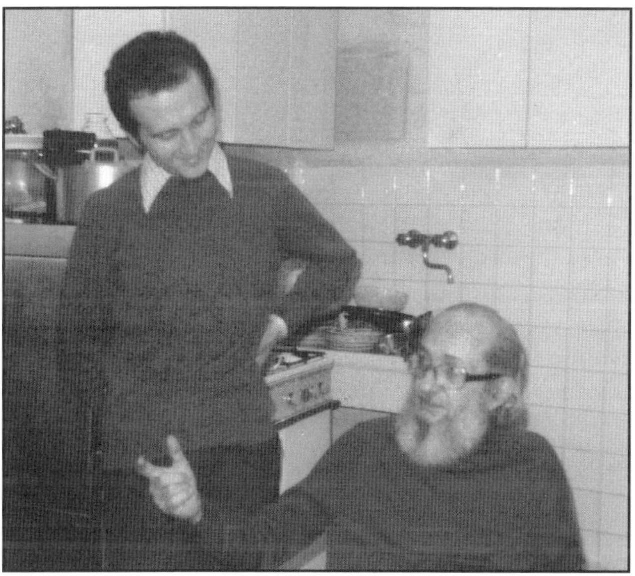

1976: Gianni Tognoni (em pé) e Paulo Freire na casa da Comunidade, em Assis.

Verão de 1977: encontro da Comunidade no campo, em Assis.

Pentecostes de 1977: celebração na Comunidade, Assis.

1976: 3ª Sessão do Tribunal Russell II. Da esquerda para a direita: Gabriel Garcia Marquez, Vladimir Dedjer e Lelio Basso.

Barcelona, 1977: 1º Congresso da Liga Internacional pelo Direito e pela Libertação dos Povos. Da esquerda para a direita: Ernesto Cardenal, Linda Bimbi, Lelio Basso, Giancarla Codrignani, Leo Matarasso, Pessoa não identificada.

Anos 1980: Linda com Dom Hélder Câmara na casa da Comunidade, em Assis.

Fevereiro de 1983: Linda e Marianella Garcia Villas no jardim da casa da Comunidade, em Roma.

Belo Horizonte, 1986: Linda com as ex-alunas do Colégio Helena Guerra.

1987: Linda e Mário Cuminetti em São Fortunato (Assis).

2004: Maria Elena e Linda durante uma celebração na Comunidade, em Roma.

2002: Linda Bimbi com o Professor Dalmo de Abreu Dallari, juiz na Sessão do Tribunal Permanente dos Povos sobre o Direito internacional e as novas guerras, realizada no Campidoglio, Roma, em 14-16 de dezembro de 2002. Dalmo de Abreu Dallari é professor da Faculdade de Direito da Universidade de São Paulo e tem sido um dos principais apoios do Tribunal e de Linda no Brasil.

2011: Linda e François Rigaux com duas alunas da Escola Napolitana de Direito dos Povos.

2015: Ex-alunas do Colégio em visita a Roma. Da esquerda para a direita: Creusa, Cassinha, Ana Amélia, Linda, Mônica, Rosângela, Ana Luiza. Em baixo: da esquerda para a direita: Tânia Mara, Déa Márcia e Ana Maria.

Este livro foi composto em Minion Pro sobre o Polén 80g/m², para o miolo. Na capa, cartão Supremo 250g/m². Foi impresso em Belo Horizonte no mês de agosto de 2016, para a Trinca Edições.